R. Tavernier

CP - CE1
Cycle 2

Programme 2008

La découverte du monde

Le vivant • La matière • L'espace • Le temps

Cet ouvrage est le résultat du travail d'une équipe d'enseignants : professeurs des écoles, professeurs d'IUFM, CPAIEN, IEN.

Ce livre a été écrit sous la direction de Raymond Tavernier par

B. Calmettes

J. Lamarque

C. Lucotte

M. Margotin-Passat

M.-A. Pierrard

R. Tavernier

Bordas

Sommaire

1 Découvrir le monde du vivant

- Repérer les caractéristiques du vivant : naissance, croissance et reproduction ; nutrition et régime alimentaire des animaux.
- Apprendre quelques règles d'hygiène et de sécurité personnelles et collectives.
- Comprendre les interactions entre les êtres vivants et leur environnement.

2 Découvrir le monde de la matière et des objets

- Distinguer les solides et les liquides.
- Percevoir les changements d'état de la matière.
- Réaliser des maquettes élémentaires et des circuits électriques simples pour comprendre le fonctionnement d'un appareil.

ISBN 978-2-04-732533-9

Sommaire

3 Se repérer dans l'espace

- Découvrir et élaborer des représentations simples de l'espace familier : la classe, l'école, le quartier, le village, la ville.
- Comparer ces milieux familiers avec d'autres milieux et espaces plus lointains.
- Découvrir des formes usuelles de représentation de l'espace (photographies, cartes, mappemonde, planisphère, globe).

4 Se repérer dans le temps

- Repérer l'alternance jour-nuit, les semaines, les mois, les saisons.
- Utiliser des outils de repérage et de mesure du temps : le calendrier, l'horloge.
- Découvrir des repères plus éloignés dans le temps : quelques dates et personnages de l'histoire de France.
- Prendre conscience de l'évolution des modes de vie.

Rencontre avec des poètes et des artistes

Écouter le professeur, lire une comptine ou un poème est très souvent source d'émerveillement pour les enfants.

Cette lecture, suivie d'un échange entre les élèves, déclenche dans la classe un moment de perfectionnement du langage, d'enrichissement du vocabulaire et de développement de l'imaginaire. Il en est de même de la découverte de tableaux peints par les artistes.

Les sujets étudiés dans le cadre de la découverte du monde offrent de nombreuses occasions de contact avec des textes littéraires ou avec des œuvres d'artistes. Les pages **Rencontre avec…** vous en proposent un grand nombre.

Les textes choisis, très accessibles à de jeunes enfants, donnent le plaisir de lire, et participent aussi au développement de la sensibilité artistique des élèves.

Une totale liberté pédagogique

Ce manuel a été conçu pour laisser aux enseignants une totale liberté pédagogique. Il constitue une source de documents toujours disponibles, que l'enseignant utilise au moment qui lui convient dans sa démarche pédagogique.

Entraîner à une démarche scientifique est recommandé dès l'école primaire.

1. Des questions pour commencer

Les Textes officiels recommandent aux enseignants d'organiser, au début de chaque nouvelle étude, des échanges entre les élèves. Il s'agit essentiellement :
– de créer l'étonnement et la curiosité, l'envie d'en savoir plus ;
– de recueillir des informations sur l'état des connaissances des élèves. Pour cela, l'enseignant utilise les moyens les mieux adaptés : réaliser un dessin ou un schéma, décrire une photographie, lire un texte…

Dans ce manuel, une photographie souvent originale, voire insolite, contribue à animer le débat. Pour cette photographie, on peut par exemple demander aux élèves d'en justifier le choix, d'inventer des questions à son sujet, de rechercher des solutions…

Les questions proposées dans cette rubrique ont pour but de commencer à cerner le problème à résoudre.

2. Le problème à résoudre

La mise en commun des « représentations » des élèves montre que les notions fondamentales ne sont pas toujours maîtrisées, ce qui est normal. Par ailleurs, elle fait apparaître des divergences et permet de faire émerger la question qui sera le support de l'activité qui va suivre.

Un outil de travail

- Ce manuel de CP-CE1 se présente sous la forme de doubles pages, richement illustrées, dans lesquelles des activités variées sont proposées à la réflexion des élèves.
- Chaque double page étudie un sujet (une grande question) du programme, comme on peut le voir sur la page donnant le sommaire.

Une **aide** à l'exploitation des documents.

Des questions au problème à résoudre.

Documents 1 et 2
- Documents de travail soigneusement choisis pour servir de support à la recherche.
- Permettent des comparaisons et des généralisations.

à votre service

- On retrouve dans chaque double page les mêmes repères :
  - **des questions pour commencer** qui permettent de dégager clairement le problème à résoudre ;
  - **des documents de travail 1,2,3**… supports de l'activité d'investigation ;
  - **à toi de répondre** qui est une aide à l'exploitation des documents ;
  - **j'ai découvert** qui fait le point des connaissances.

Titre
Présente le plus clairement possible le sujet abordé.

…andissent-ils jusqu'à la fin de leur vie ?

… et aura beaucoup d'enfants

3 La croissance s'arrête lorsque la poule devient adulte, c'est-à-dire capable de pondre des œufs et donc de donner naissance à des poussins.

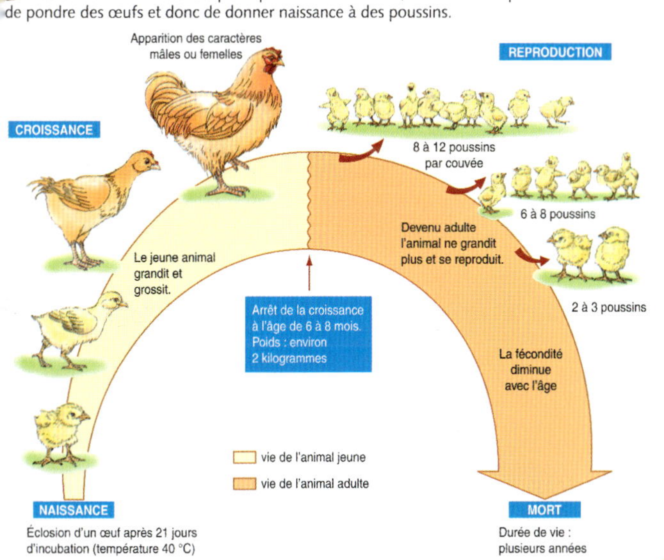

À toi de répondre

- Quelles sont les grandes étapes de la vie d'une poule ?
- Quelle est la période de la vie la plus longue : la période de croissance ou la vie adulte ?

J'ai découvert

Après leur naissance, les animaux grandissent et grossissent. Ils atteignent la taille de leurs parents, c'est-à-dire la taille adulte. Les animaux peuvent alors se reproduire.

Les mots scientifiques à connaître
• **Jeune** • **Adulte** • **Croissance** • **Fécondité**

13

Mots importants
Les mots scientifiques à connaître.

Un **objectif majeur** des activités : faire le point des connaissances avec confrontation aux savoirs établis.

3. L'investigation (la résolution du problème)

C'est le moment capital de la démarche.

L'investigation peut, selon le sujet étudié, recourir à diverses formes de travail : analyse de documents, observations, expérimentation, réalisation de maquettes…Elle peut se dérouler sous forme individuelle ou par groupe mais débouche toujours sur une confrontation des résultats obtenus.

Pour faciliter la phase d'analyse des documents, la rubrique « **À toi de répondre** » propose des questions.

Leur nombre est ici forcément limité. Mais, selon le niveau de la classe et les capacités des élèves, l'enseignant peut bien sûr en poser bien d'autres.

4. La structuration des connaissances

L'enseignement des Sciences doit permettre aux élèves de participer à la construction de leur propre savoir.

Chaque activité d'investigation doit donc les amener à s'approprier des connaissances nouvelles.

Après avoir confronté les résultats de leurs recherches, les élèves, avec l'aide de l'enseignant, formulent les notions découvertes. Ils les utilisent pour répondre au problème posé au début de l'étude.

Les nouvelles connaissances sont confrontées à la formulation donnée dans le manuel sous la rubrique « **J'ai découvert** ».

Un livre richement illustré pour découvrir le monde

Sous la rubrique « **La découverte du monde** », le programme, publié au *Bulletin Officiel* du 19 juin 2008 pour l'école élémentaire, fournit une liste de sujets d'étude qui visent la construction d'un premier niveau de connaissances sur : **le monde du vivant, la matière et les objets, l'espace et le temps.**

Pour aider les enseignants à répondre à ces nouveaux programmes, les Éditions Bordas proposent ce manuel, véritable outil de travail qui laisse aux enseignants une totale liberté pédagogique, et qui privilégie l'investigation et la démarche scientifique.

Vous y trouverez :
- une **sélection de documents pertinents** dont l'analyse raisonnée permet aux élèves de participer à la construction de leur savoir ;
- un **questionnement simple**, toujours en relation avec les documents proposés sous la rubrique « **À toi de répondre** » ;
- une rubrique « **Pour les curieux** » donnant des pistes pour des expériences à réaliser en classe ou à la maison ;
- un texte « **J'ai découvert** » résumant ce qu'il faut retenir avec « **les mots scientifiques à connaître** ».

Les auteurs de ce livre ont voulu proposer non seulement un outil de travail mais aussi un livre qui participe à l'éducation globale de l'enfant, à son éveil esthétique, à la poursuite de son apprentissage de la lecture et, en réponse aux textes officiels, des documents réunis dans la rubrique « Rencontre avec des poètes et des artistes » permettent une liaison entre les activités artistiques et le français.

Le monde du vivant

Un animal,

Des questions pour commencer

- Combien d'animaux vois-tu sur la photographie ci-dessous ?
- Combien y a-t-il d'espèces différentes ? N'oublie pas de compter la chenille qui est dans le bec de l'oiseau.

Un problème à résoudre

- Les animaux sont des êtres vivants. Quels caractères possèdent-ils en commun ?

Qui êtes-vous Madame Moineau ?

1 Des moineaux ? Il y en a dans tous les villages et villes de France, même à Paris. Ce sont de bien aimables voisins.

2 Pour avoir un jardin plein d'oiseaux, offre à tes amis des aliments variés.

3 **Carte d'identité du moineau**

- **Je m'appelle** moineau domestique.
- **Je vis** près des habitations humaines (villes, villages, hameaux, fermes isolées) dans toutes les régions de France.
- **Je mange** des graines, des fruits, des miettes de pain, de petits insectes.
- **Je ponds** deux à trois fois dans l'année, quatre à six œufs dans le nid que nous avons construit avec le père des enfants.
- **Je peux vivre** 8 à 10 ans.

A toi de répondre

- Décris les documents 1 et 2.
- La mangeoire (doc 2) est suspendue à une branche et non posée sur le sol. Sais-tu pourquoi ?
- Quelles informations fournies par la carte d'identité du moineau sont des caractéristiques des êtres vivants ?

Pour les curieux

- Élever des escargots, c'est facile ! Tu peux les installer en classe en leur fournissant des conditions de vie qui conviennent à leurs besoins.

Escargot joli, tu n'es guère bavard !

4 Les escargots se promènent avec leur maison sur le dos.

5 **Carte d'identité de l'escargot**

- **Je m'appelle** escargot des jardins.
- **Je mange** des feuilles de laitue, de chou…
- **Je me déplace** lentement.
- **Je ponds** de nombreux œufs.
- **Je peux vivre** 3 à 5 ans.

6 Une ponte d'escargot : plusieurs dizaines de grosses « perles blanches » déposées dans la terre humide.

À toi de répondre

- Quelles informations fournit la carte d'identité de l'escargot ? Compare-les à celles de la carte d'identité du moineau.
- Que deviendront les « perles blanches » du doc **6** ?
- Peux-tu maintenant répondre à la question : un animal, qu'est-ce que c'est ?

J'ai découvert

Les animaux sont des êtres vivants. Ils naissent, grandissent et deviennent adultes. Ils sont alors capables de se reproduire. Ils meurent après une durée de vie variable selon les espèces.

Les mots scientifiques à connaître

• **Naissance** • **Croissance** • **Reproduction** • **Mort**

Comment naissent

Des questions pour commencer

- Quelle est ta date de naissance ? Ce jour-là, que s'est-il passé pour toi ?
- La photographie ci-dessous présente la naissance des escargots. Explique en quoi consiste ce mode de naissance.
- Sais-tu comment naissent les chats, les chiens, les souris ?

Un problème à résoudre

- Les différents modes de naissance des animaux présentent-ils des points communs ?

Bonjour ! Me voilà

1 Pour ce poussin, l'éclosion sera terminée dans moins d'une heure.

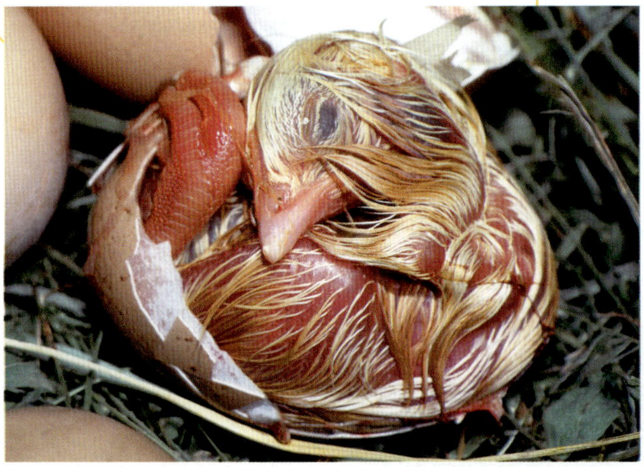

2 Il se débarrasse de l'enveloppe de l'œuf.

À toi de répondre

- Que représentent les photographies **1**, **2** et **3** ? Donne un titre à chacune d'elles.
- Quelles différences y a-t-il entre la naissance d'un poulain et celle d'un poussin ?

3 Il vient juste de sortir du ventre de sa mère.

Les invités de cette page

l'escargot • le crocodile
le poussin • la jument

les animaux ?

De l'œuf à la naissance

4

Une poule couve pendant 21 jours les œufs qu'elle a pondus.

Une jument porte son petit dans son ventre pendant 11 mois.

Au début, l'embryon est microscopique.

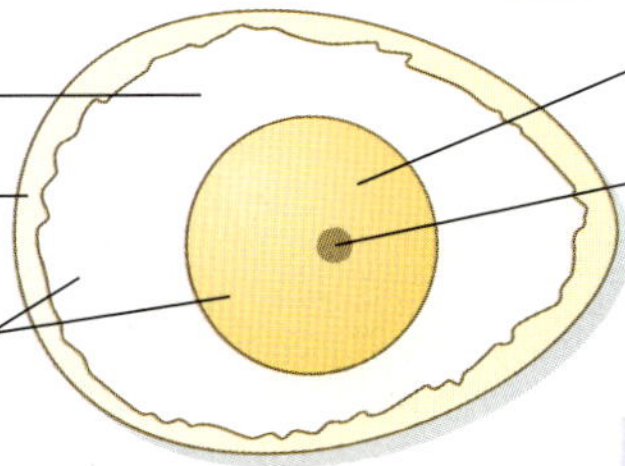

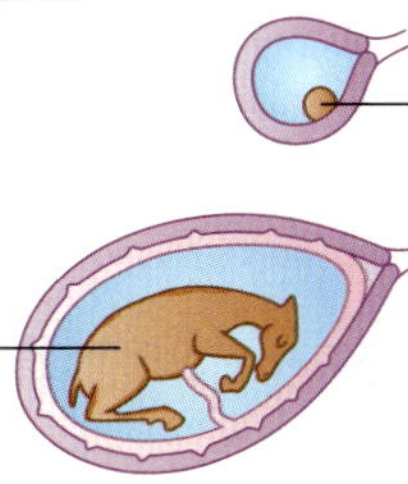

L'embryon grossit et devient :
– soit un poussin ;
– soit un poulain (bébé cheval).

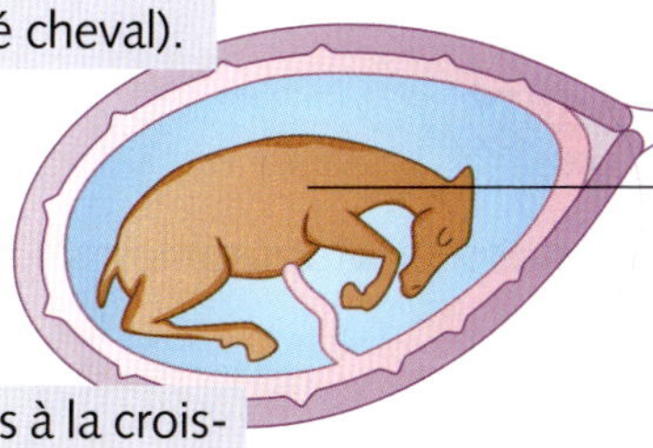

Les aliments nécessaires à la croissance de l'embryon sont :
– pour le poussin, ceux de l'œuf ;
– pour le poulain, ceux contenus dans le sang de la mère.

Les jeunes mammifères tètent leur mère pendant un temps plus ou moins long.

A toi de répondre

- Quelles sont les ressemblances et les différences entre les deux modes de naissance ?
- Comment est nourri le futur poussin dans l'œuf ? Comment est nourri le futur poulain dans le ventre de sa mère ?

J'ai découvert

Tous les animaux ne naissent pas de la même façon : certains, comme le poussin de poule, naissent à partir d'un œuf pondu : ce sont des ovipares. D'autres, comme le poulain, sortent vivants du ventre de leur mère : ce sont des vivipares.

Les mots scientifiques à connaître

- **Ovipare** • **Vivipare** • **Œuf** • **Embryon**

Les animaux

Des questions pour commencer

➥ À quoi reconnais-tu qu'il s'agit de jeunes animaux ? Combien y a-t-il d'« espèces différentes » ?

➥ Parmi ces mots, lesquels désignent un jeune animal : poussin, lion, lionceau, poule, biche, vache, coq, veau, poulain, chiot, poulet ? Que désignent les autres mots ?

Un problème à résoudre

➥ Un animal grandit-il jusqu'à la fin de sa vie ?

À toi de répondre

- Que représentent les photographies 1 et 2 ?
- Comment peux-tu définir la croissance ?

Petit enfant deviendra grand…

1 Une mère attentive à tous les dangers qui menacent ses petits.

2 La croissance d'une poule.

... et aura beaucoup d'enfants

3 La croissance s'arrête lorsque la poule devient adulte, c'est-à-dire capable de pondre des œufs et donc de donner naissance à des poussins.

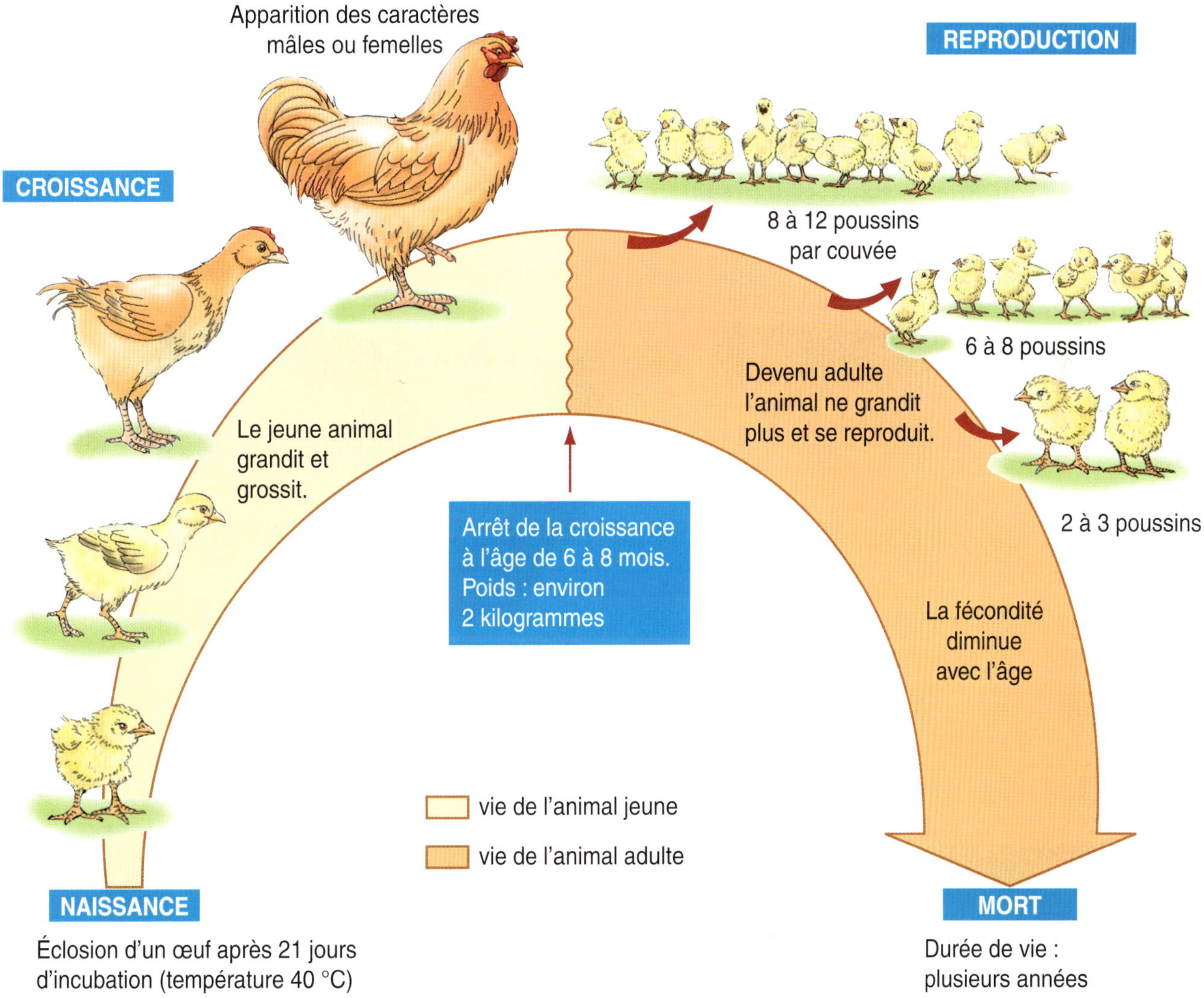

A toi de répondre

- Quelles sont les grandes étapes de la vie d'une poule ?
- Quelle est la période de la vie la plus longue : la période de croissance ou la vie adulte ?

J'ai découvert

Après leur naissance, les animaux grandissent et grossissent. Ils atteignent la taille de leurs parents, c'est-à-dire la taille adulte. Les animaux peuvent alors se reproduire.

Les mots scientifiques à connaître

• Jeune • Adulte • Croissance • Fécondité

Portraits d'animaux

Des questions pour commencer

- À ton avis, quel est le pigeon mâle? Quel est le pigeon femelle?
- Cite d'autres animaux pour lesquels il est difficile de distinguer le mâle de la femelle.
- Cite des animaux pour lesquels cette distinction est facile.

Un problème à résoudre

- À quel moment de la vie de l'animal apparaissent les différences entre le mâle et la femelle?

Mâle ou femelle ?

1 Distinguer le coq de la poule, c'est facile… quand ils sont adultes.

À toi de répondre

- Fais la liste des caractères qui distinguent la poule du coq.
- Réalise le même travail pour le lion et la lionne.

2 Une famille de lions.

de la même espèce

3

ⓐ Le bouquetin des Alpes
– Le mâle a deux grandes cornes (1 mètre) très courbées.
– La femelle a des cornes beaucoup plus courtes (20 cm) et peu recourbées.

ⓑ Le chevreuil
– Le mâle a des « bois » (les cornes) osseux, courts (20 cm), qui tombent chaque automne et repoussent en janvier.
– La femelle n'a pas de cornes.

ⓒ Le canard colvert
– Le mâle a une tête et un cou vert foncé et un petit collier blanc.
– La femelle est brunâtre avec des taches brun foncé.

ⓓ Le faisan
– Le mâle a un plumage roux, tacheté de beige et de noir et une longue queue rayée de noir.
– La femelle brun jaunâtre possède une queue courte.

a

b

c

d

À toi de répondre

- Donne un nom à chacun des animaux présentés. S'agit-il d'un mâle ou d'une femelle ?
- En posant un papier-calque sur le bouquetin mâle, dessine la tête de la femelle. Fais le même travail pour le chevreuil.

J'ai découvert

Tous les animaux se reproduisent en donnant naissance à des animaux de même espèce qu'eux. Les petits ressemblent généralement à leurs parents et, à l'âge adulte, ils ressembleront tout à fait à l'un ou à l'autre, soit au mâle soit à la femelle.

Les mots scientifiques à connaître

• Femelle • Mâle • Espèce

Pour les animaux

Des questions pour commencer

- Une mésange est posée à quelques mètres de toi. Tu t'approches doucement, mais, brusquement elle s'envole dans un arbre. À ton avis, qu'est-ce qui provoque son départ?
- Courir vite, et même très vite (jusqu'à 100 km à l'heure) peut sauver la vie de cette antilope. Pourquoi?

Un problème à résoudre

- Être capable de se déplacer est un caractère essentiel de la vie animale. À quoi servent les déplacements?

1 Il se déplace pour...

- Construire son nid
- Capturer une proie
- Fuir devant un prédateur
- Rechercher sa nourriture
- Faire sa cour
- Nourrir ses petits

2 Le repas des oisillons.

Ces becs ouverts des petites mésanges charbonnières disent « on a très faim ».
Pendant vingt jours, les parents apportent entre 600 et 800 repas par jour: des petites chenilles, des araignées...

3 L'écureuil est un acrobate.

Les écureuils ne sont actifs que quelques heures par jour, sinon ils dorment.
Un écureuil consacre les trois quarts de son activité à trouver assez de nourriture pour survivre.

À chacun sa façon de chasser

4 **Le guépard est un chasseur ultra-rapide.**
Il peut repérer ses proies à de grandes distances.

Il s'approche de sa proie sans l'effrayer. Quand elle l'aperçoit, elle se met à courir et à zigzaguer pour tenter de lui échapper. Mais le guépard est souvent plus rapide qu'elle.

5 **La chouette ne chasse que la nuit.**

Immobile, elle se tient à l'affût et inspecte les alentours. Dès qu'elle entend un mulot qui marche, dans les feuilles mortes, elle fonce sur sa proie et, grâce à ses griffes acérées, capture l'animal.

J'ai découvert

Les animaux se déplacent pour différentes raisons : chercher sa nourriture, fuir devant un danger ou un prédateur, trouver un partenaire pour se reproduire, rechercher un abri…

Les mots scientifiques à connaître

- **Déplacement** • **Motivation pour se déplacer**

À toi de répondre

- Que représente chacune des photographies ? Que font ces animaux ?
- Attribue une étiquette (doc 1) à chaque situation présentée.

Dans quel milieu

Des questions pour commencer

- Cite des animaux qui se déplacent en volant. Cite des animaux qui se déplacent en nageant. Dans quel milieu se déplacent les premiers ? Dans quel milieu se déplacent les seconds ?
- Connais-tu d'autres moyens de se déplacer ?
- Un chien sait marcher. Peut-il courir ? Voler ? Nager ?

Un problème à résoudre

- Les animaux peuvent-ils se déplacer dans tous les milieux ? Pourquoi ?

Les invités de cette page

L'écureuil	La grenouille
Le lézard	La mésange
Le merle	La libellule
Le canard	L'escargot
Le cheval	Le pigeon
La carpe	La chèvre

À toi de répondre

- Sais-tu dans quel milieu vit chacun de ces animaux ?
- Parmi les animaux présentés, lesquels ont plusieurs façons de se déplacer ? Est-ce un avantage pour eux ?

Chaque animal a son milieu de vie

1

vivent ces animaux ?

Une grande diversité de milieux

2

A toi de répondre

- Chaque numéro du document **2** correspond à un animal présenté sur le document **1**. Mais on ne peut pas voir un écureuil dans une mare. Le document présente d'autres erreurs. Trouve-les.

J'ai découvert

Beaucoup d'animaux peuvent vivre dans plusieurs milieux et donc se déplacer de plusieurs manières. Ainsi le canard peut voler, marcher, nager…

Les mots scientifiques à connaître

• Milieu • Mode de déplacement • Adaptation

Les animaux ont

Des questions pour commencer

➥ Cite des animaux qui disposent de plusieurs modes de déplacement.

Un problème à résoudre

➥ Selon leur « équipement », les animaux peuvent explorer différents territoires. Se déplacent-ils avec la même aisance dans tous les milieux ?

A toi de répondre

- Pour chacun des animaux, indique son mode de déplacement le plus performant.
- Quels sont, dans chacun des cas, les organes utilisés pour se déplacer ?

Des ailes pour nager

1 Les manchots sont des oiseaux incapables de voler. Pour se déplacer sur terre, ils se dandinent maladroitement. Par contre, ce sont d'excellents nageurs.

2 Le phoque est un exceptionnel plongeur sous-marin et un très bon nageur. Maladroit sur le sol, il rampe alors sur le ventre ou progresse par bonds.

des organes pour se déplacer

Des ailes pour voler

3 Le monde des insectes est peuplé d'animaux qui volent.

4 Une aile d'oiseau, c'est une vingtaine de plumes piquées sur le bras.

5 Les ailes de chauve-souris sont des membranes portées par des bras et des doigts très allongés.

A toi de répondre

- Compare les ailes de ces trois animaux.
- Décalque la photographie de chauve-souris et colorie les ailes.

J'ai découvert

De nombreux animaux peuvent se déplacer de différentes façons dans des milieux différents. Pour chaque type de déplacement, l'animal utilise des organes adaptés.

Les mots scientifiques à connaître

• Marche • Course • Nage • Vol

Un animal a besoin

Des questions pour commencer

- Peux-tu, à partir de l'observation de cette seule photographie, établir la liste des aliments consommés par la mésange ? Que proposes-tu ?

- Un lapin mange des carottes, des feuilles de laitue, de chou, du pain sec. Que ferais-tu pour savoir quels sont ses aliments préférés ?

Un problème à résoudre

- Que mangent les animaux ?

Que mange Gentil ?

1 « Gentil », le cochon d'Inde de Lise, mange des carottes, de la laitue…

« Que préfères-tu : les carottes ou la laitue ? » Gentil ne répond pas. C'est normal, puisqu'il ne parle pas. Alors Lise fait une expérience : elle lui propose chaque jour deux aliments différents.

2 **Gentil ne mange pas n'importe quoi.**
Voici quelques-uns de ses aliments ; il en manque (pain, graines) et d'autres sont là en intrus. Lesquels ? *carotte, chou, jambon, laitue, navet, poisson, radis, viande.*

de manger et de boire

Pour les curieux

- Renseigne-toi sur ce que mangent les animaux de la basse-cour, de la ferme…

Ils ne mangent pas tous la même chose

3 Compare leur régime alimentaire.

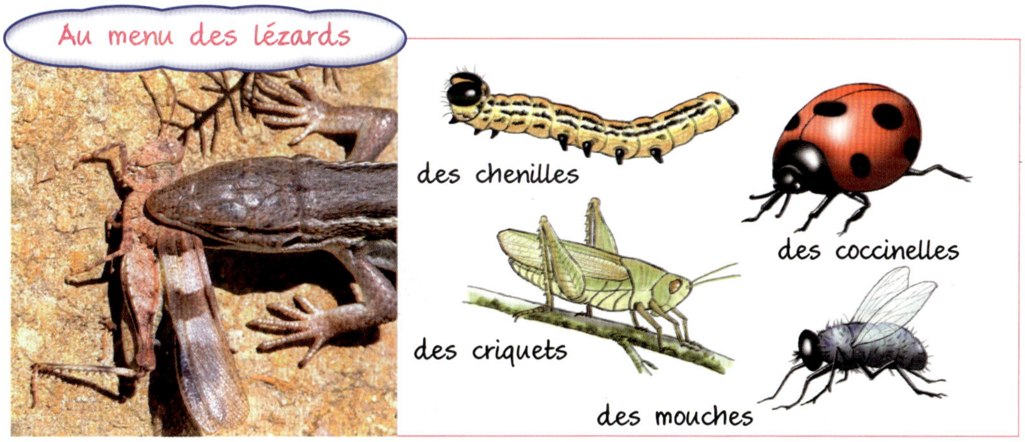

A toi de répondre

- Parmi les animaux présentés, lesquels ne mangent que des végétaux ?
- Lesquels mangent d'autres animaux ?
- Connais-tu des animaux qui mangent à la fois des végétaux et des animaux ? Donne des exemples.

J'ai découvert

Pour vivre, les animaux ont tous besoin de manger et de boire. Certains mangent des végétaux (ils sont végétariens). D'autres mangent des animaux (ils sont carnivores). D'autres mangent à la fois des animaux et des végétaux (ils sont omnivores).

Les mots scientifiques à connaître

- **Régime alimentaire** • **Végétarien** • **Carnivore**
- **Omnivore**

Les animaux pourraient-ils

Des questions pour commencer

- Sais-tu ce que signifient les mots : carnivore, végétarien, omnivore ?
- Donne le nom de trois animaux carnivores, de trois animaux végétariens.
- Pour les scientifiques, une forêt, une haie, une prairie… sont des milieux. À partir de ces exemples, propose une définition du mot « milieu ».

Un problème à résoudre

- Comment se nourrissent les animaux d'un même milieu ?

Les relations alimentaires dans un milieu

1 Une histoire dans le jardin.

2 Les scientifiques écrivent ainsi l'histoire. C'est une chaîne alimentaire.

chaîne alimentaire à 3 maillons

châtaigne → mulot → chouette

3 Pour écrire d'autres chaînes.

• Que mange une chouette ?

musaraigne — campagnol — mulot

• Que mange un mulot ? un campagnol ?

des fruits, des graines…

À toi de répondre

- Que voit-on sur le document **1** ?
- À l'aide des informations fournies par le document **3**, écris d'autres chaînes alimentaires.

vivre s'il n'y avait pas de plantes ?

Les animaux dépendent tous des plantes vertes

4 Les plantes vertes produisent les aliments des animaux végétariens, qui eux-mêmes nourrissent les animaux carnivores.

A toi de répondre

- Écris trois chaînes alimentaires parmi celles qui sont représentées sur le dessin du document **4**. Quel est le premier maillon de chacune d'elles ?
- Les animaux carnivores de la forêt pourraient-ils se nourrir si les plantes disparaissaient ?

J'ai découvert

Une forêt, un jardin, une prairie, une mare… constituent des milieux de vie.
Les relations alimentaires qui existent entre les êtres vivants d'un milieu peuvent être représentées par des chaînes alimentaires.
Dans tous les milieux, les animaux dépendent des plantes pour se nourrir.

Les mots scientifiques à connaître

- **Milieu de vie** • **Chaîne alimentaire** • **Dépendance**

Rencontre avec des poètes

L'escargot

Pin pon d'or
Le soleil brille

Et moi je dors
Dans ma coquille.

Pin pon gris
À petit bruit
Tombe la pluie
Et moi je sors :
Pin pon d'or.

Pierre Menanteau
Ah ! que la terre est belle

Le moineau

Je suis né moineau
Sur le bord d'un toit.
Je suis comme il faut
Que le moineau soit.

Allègre, narquois
Tout en petits sauts
Je suis né moineau,
En mai, sur le toit.

Je ne suis pas beau
Et j'ai peur des chats.
Oui, mais quelle joie
Quand je crie là-haut
Sur le bord du toit !

Maurice Carême
À cloche-pied

Les hérissons

Manteau piquant
nez en bouton,
ils vont,
furetant,
les hérissons.

Où je passe,
plus de limace,
où nous passons,
plus de limaçons.
C'est la chanson
des hérissons.

Pierre Gamarra

Les écureuils

Chez les écureuils,
dès qu'on ouvre
un œil,
on cueille,
une noisette.

Puis, sur un fauteuil
de feuilles,
on fait
la dînette.

Pierre Gamarra

Rencontre avec des poètes

Mon petit chat

J'ai un petit chat,
Petit comme ça.
Je l'appelle Orange.

Je ne sais pourquoi
Jamais il ne mange
Ni souris ni rat.

C'est un chat étrange
Aimant le nougat
Et le chocolat.

Mais c'est pour cela,
Dit tante Solange,
Qu'il ne grandit pas.

Maurice Carême
La lanterne magique

Mon chat Ulysse

Mon chat Ulysse
A la jaunisse.

Il ne dort plus
Il a si mal
Qu'il ne joue plus
Avec sa balle.

Mon chat Ulysse
A la jaunisse.

Sous le bahut
Où il se cache,
On ne voit plus
Que ses moustaches.

Mon chat Ulysse
A la jaunisse.

Ce sans-souci
A pris peur
D'une souris
A moteur.

Pierre Coran

Le chat et le soleil

Le chat ouvrit les yeux,
Le soleil y entra.
Le chat ferma les yeux,
Le soleil y resta.

Voilà pourquoi, le soir,
Quand le chat se réveille,
J'aperçois dans le noir
Deux morceaux de soleil.

Maurice Carême
Extrait de *L'Arlequin*

Un arbre est-il

Des questions pour commencer

- Que penses-tu de cette affirmation : un arbre ne mange pas, ne se déplace pas, ne parle pas… Ce n'est donc pas un être vivant ?
- Que reconnais-tu sur cette photo ? En quelle saison sommes-nous ?

Un problème à résoudre

- Quelles caractéristiques permettent de dire qu'un arbre est un être vivant ?

Un arbre ne se déplace pas, mais il grandit et…

1 Un marronnier en fleurs, au printemps.

2 Chaque année, au printemps, un marronnier fleurit. Ces fleurs donnent des fruits épineux, qui contiennent des graines, les marrons.

3 Un marronnier commence à fleurir (donc à se reproduire) et à donner des marrons dès l'âge de 10 ans.

Pour les curieux

- Récolte des marrons et sème-les dans des pots contenant du terreau. Tu verras ainsi naître et grandir des petits marronniers.

il donne naissance à des arbres de la même espèce

4 Un marron tombé de l'arbre à l'automne pourra germer et donner un nouveau marronnier.

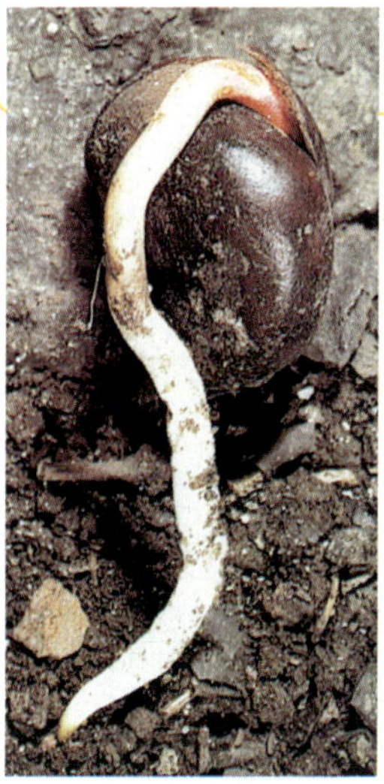

5 Chaque année, à l'automne, un marronnier perd ses feuilles. Au printemps suivant, il se couvre de feuilles nouvelles.

6 Un marronnier peut vivre plus de 200 ans. Comme tous les êtres vivants, il vieillit et meurt.

A toi de répondre

- Que représente chacune des photographies ? Quelles caractéristiques d'un être vivant présentent-elles ?
- Écris l'histoire d'un marronnier en utilisant les mots : naissance, croissance, reproduction, vie, mort.

J'ai découvert

Un marronnier n'est pas un animal, mais c'est pourtant un être vivant. Il naît de la germination d'une graine (le marron), il grandit et se reproduit grâce à ses fleurs, qui produisent des marrons. Un marronnier ne mange pas mais, pour vivre, il a besoin d'eau et de certaines substances qui sont ses aliments.

Les mots scientifiques à connaître

• Être vivant • Naissance • Croissance • Reproduction • Mort

En germant une graine donne

Des questions pour commencer

- Que penses-tu faire pour semer ces graines ?
- Pour comprendre comment une graine devient une nouvelle plante, décortique des pépins de pomme, de citrouille, des graines de pois, de haricot…

Un problème à résoudre

- Que trouve-t-on dans toutes les graines et qui donnera une nouvelle plante ?

Des plantes grandissent sous tes yeux

1 Alice a semé des graines de fève et des graines de pois.

2 Plusieurs étapes de la germination d'une graine de fève.

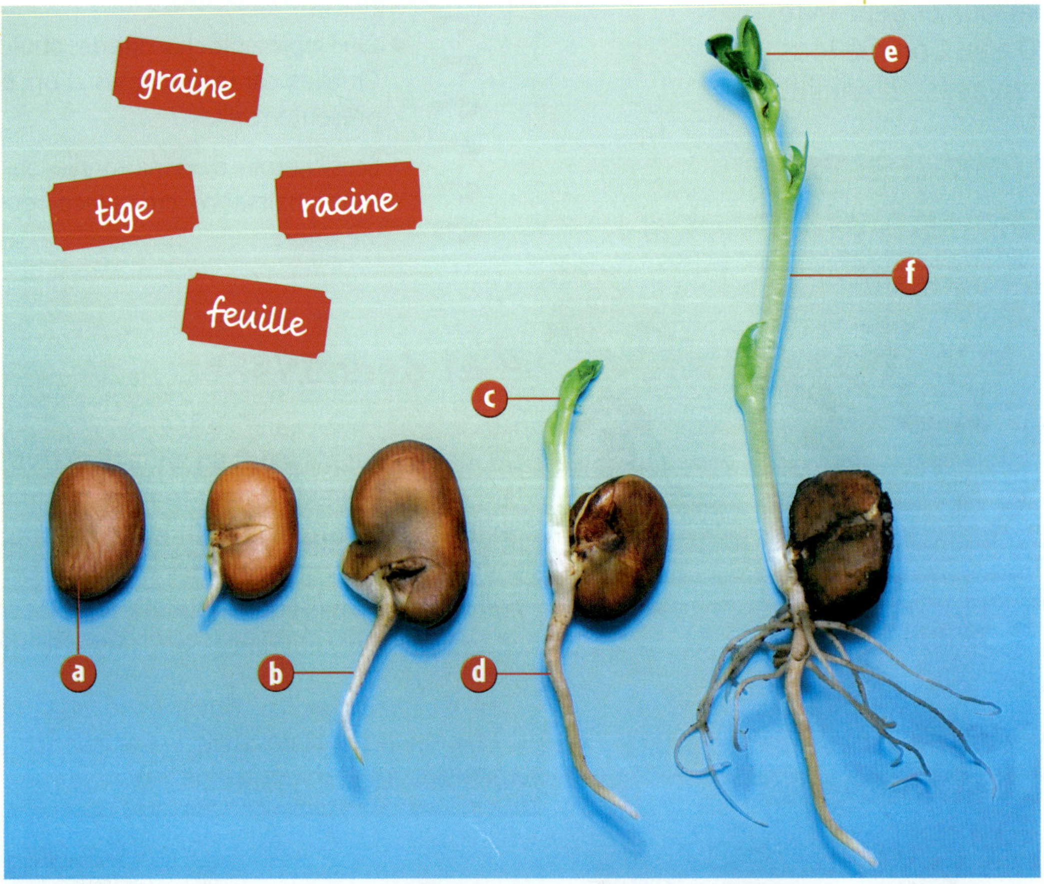

naissance à une nouvelle plante

Pour les curieux

- Dans un récipient peu profond contenant du terreau, sème des graines variées (blé, avoine, maïs, fève, haricot, pois, radis, tournesol, capucine…) et note toutes tes observations.

Une plante miniature : l'embryon

3 La croissance de l'embryon d'une graine de fève au cours de la germination.

À toi de répondre

- Sur le doc **2** remplace les lettres **a**, **b**… par le mot qui convient.
- Que devient l'embryon au cours de la germination ?
- Les graines contiennent des réserves. À quoi servent-elles ?

J'ai découvert

Une graine qui germe donne naissance à une nouvelle plante. Celle-ci existe en miniature dans la graine : c'est l'embryon. Au cours de la germination, l'embryon se nourrit des réserves contenues dans la graine et grandit.

Les mots scientifiques à connaître

• Graine • Embryon • Germination

Que deviennent

Des questions pour commencer

- Donne ton avis sur ces réponses d'élèves :
  Que devient une fleur de cerisier ? *Une cerise.*
  Une fleur de pommier ? *Une pomme.*
  Une fleur de tulipe ? *Elle fane et il ne reste rien.*
- Les fleurs sont des organes souvent très visibles à cause de pétales colorés. Quand les pétales tombent, les fleurs semblent disparaître. C'est alors que toute une histoire commence. Laquelle ?

Un problème à résoudre

- Que deviennent les fleurs ?

Chaque fleur devient une cerise !

1 Au printemps, le cerisier se couvre de fleurs. C'est un émerveillement pour les yeux.

À toi de répondre

- Donne un titre à chaque photographie de cette page.
- Que reste-t-il lorsque la fleur se fane ?

2 Les fleurs de cerisier se transforment petit à petit en cerises.

a

b

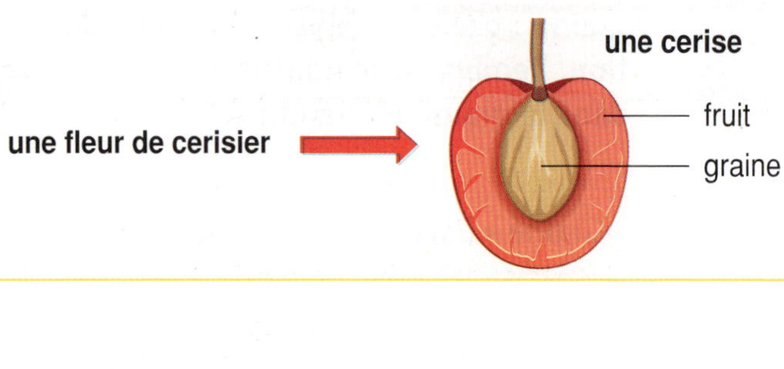

c

Pour les curieux

- Récolte des plantes telles que le coquelicot ou la giroflée... qui présentent en même temps différents stades de la transformation de la fleur. Que remarques-tu ?

Chaque fleur de pois donne plusieurs graines

3 Une fleur de pois de senteur donne un fruit contenant plusieurs graines.

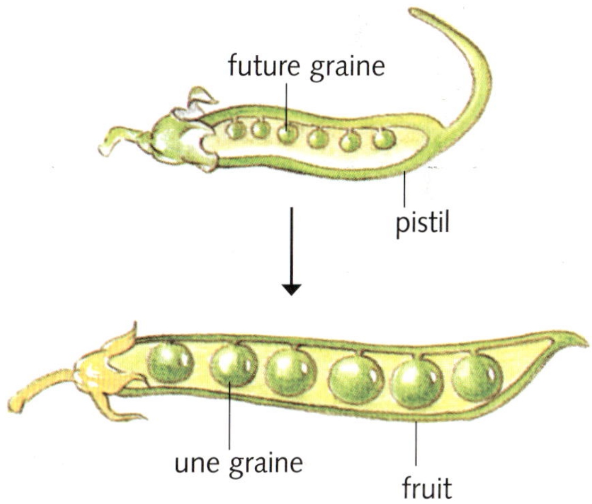

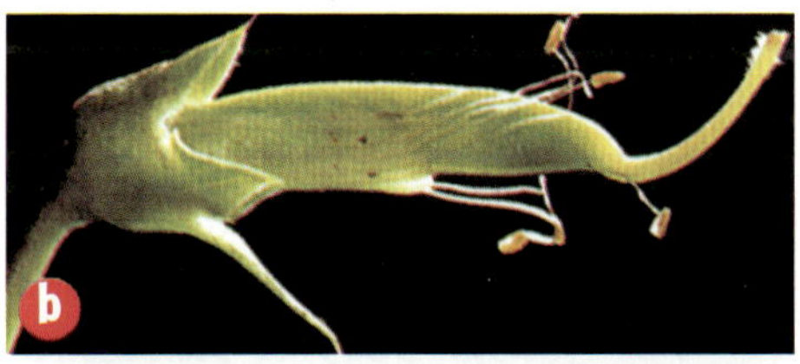

A toi de répondre

- Que devient une fleur de cerisier ?
- Recherche dans la fleur de pois ce qui deviendra un fruit, une graine.
- Décalque la fleur de pois et indique les noms : pétale, pistil, future graine.

J'ai découvert

Lorsqu'une fleur se fane, le pistil se transforme en fruit contenant une ou plusieurs graines.
Les fleurs servent donc à la reproduction des plantes.

Les mots scientifiques à connaître

• Fleur • Fruit • Graine • Pistil

Où trouve-t-on

Des questions pour commencer

- **Vrai ou faux ?**
  Une fleur de cerisier donne un fruit (la cerise) qui contient une graine (le noyau).
  Les graines des plantes à fleurs sont contenues dans un fruit qui provient de la transformation d'une fleur.
- Une gousse de pois est-elle un fruit ? À quoi le vois-tu ?

Un problème à résoudre

- À quoi voit-on qu'une tomate, un melon, une pêche sont des fruits qui proviennent d'une fleur ?

De la fleur à la graine

1

Une fleur de...
- poirier
- marronnier
- abricotier

2 **Les trois groupes de fruits des scientifiques.**

Certains fruits sont charnus (ils ont de la « chair », souvent délicieuse).

Des fruits charnus avec nombreux pépins
Exemple : la tomate

Un pépin est une graine

Des fruits charnus avec 1 noyau
Exemple : la pêche

Un noyau est une graine

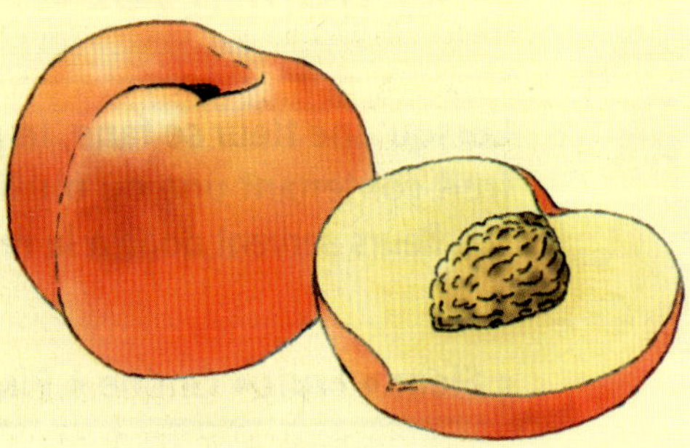

Des fruits secs à plusieurs graines ou à une seule graine
Exemple : le pois

les graines ?

À la recherche des pépins, des noyaux...

3 Es-tu bien sûr que ce sont tous des fruits ?

A toi de répondre

- Cherche des exemples de fruits charnus avec des pépins, de fruits charnus avec un noyau.
- Est-ce qu'une tomate est un fruit (doc **2**) ? Justifie ta réponse.
- Est-ce qu'un radis (doc **3**) est un fruit ? Justifie ta réponse.
- Que peux-tu faire pour prouver que les pépins de melon sont des graines ?

J'ai découvert

Pour les « plantes à fleurs », les scientifiques appellent fruit l'organe qui contient les graines.
Il existe différents types de fruits : fruits charnus, à noyau ou à pépins, et fruits secs contenant une ou plusieurs graines.
Tous les fruits contiennent des graines.

Les mots scientifiques à connaître

• Fruit • Graine • Fruit charnu • Fruit sec

Pour vivre nous avons

Des questions pour commencer

- Comment définirais-tu un aliment ?
- L'homme est-il végétarien, carnivore ou omnivore ?

Un problème à résoudre

- Qu'est-ce qu'une alimentation équilibrée ?

À toi de répondre

- Le doc 1 présente quelques aliments. Lesquels sont d'origine animale ? Lesquels sont d'origine végétale ?
- Le pain, le fromage ne sont ni des végétaux ni des animaux. Quelle est leur origine ?

2 Deux aliments fabriqués : le pain et le fromage.

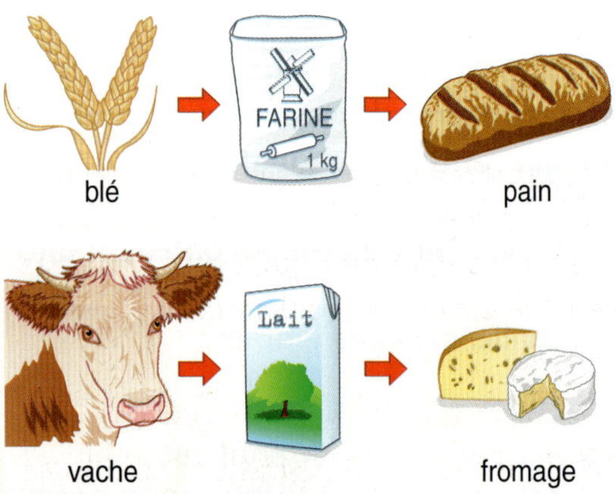

Que mange-t-on ?

1 Des aliments appétissants.
Comment les mangerais-tu : cuits ou crus ?

Pour les curieux

- Fais chez toi la liste des aliments que tu manges pendant une journée. Comment pourrais-tu les classer ?

Bien manger pour rester en bonne santé

3 **Une règle à respecter pour avoir une alimentation équilibrée.**

GROUPE 1 Viandes, œufs, poissons

GROUPE 2 Lait, fromages

GROUPE 3 Pain, pâtes, céréales, riz

GROUPE 4 Huile, beurre, graisses

GROUPE 5 Légumes, fruits

GROUPE 6 Eau, jus de fruits

■ Aliments indispensables à la croissance

■ Aliments fournissant de l'énergie

■ Aliments riches en fibres et vitamines

A toi de répondre

- Dans quel groupe d'aliments places-tu le riz, les radis, la purée de pommes de terre, le fromage blanc, le raisin ?
- Établis le menu des repas d'une journée en respectant la règle indiquée.

J'ai découvert

Tous les aliments que nous mangeons proviennent des animaux ou des plantes.
Pour avoir une alimentation équilibrée, les repas d'une journée doivent contenir au moins un aliment de chacun des six groupes.

Les mots scientifiques à connaître

- **Groupe d'aliments**
- **Alimentation équilibrée**

Pourquoi faut-il

Des questions pour commencer

- Qu'est-ce qu'une dent de lait ?
- Les adultes ont-ils encore des dents de lait ?
- Qu'appelle-t-on dent définitive ?
- Pourquoi faut-il se laver les dents ?

Un problème à résoudre

- Pourquoi dit-on que les dents sont vivantes ?

Un très beau sourire !

1 J'ai 5 ans. Mes dents sont des dents de lait, c'est-à-dire des dents qui ont poussé quand j'étais petite.

2 J'ai 7 ans. Mes dents de lait tomberont les unes après les autres et seront remplacées par des dents définitives.

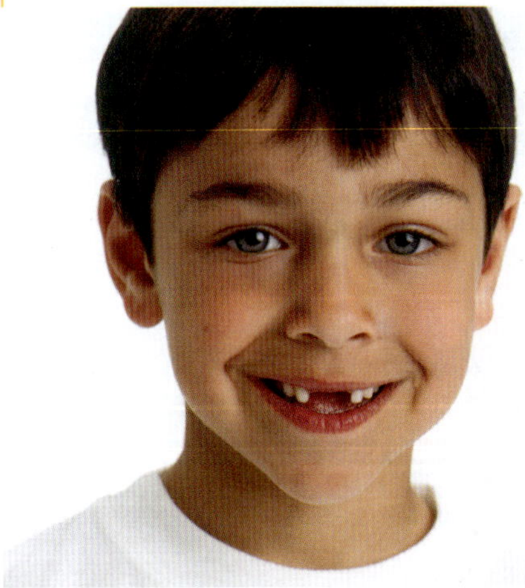

3 **Ma dent**

Elle est tombée ce matin,
Elle ne tenait plus très bien.
À la place il y a maintenant
Un p'tit trou sur le devant.

Elle était sur l'étagère,
On l'a mise sous un verre

Et la petite souris
Est venue pendant la nuit.

Ce matin, elle n'est plus là.
Mais à sa place il y a
Une bien jolie surprise.
C'est la souris qui l'a mise.

Ma dent, ma petite dent,
Ma dent, ma dent de devant.

À toi de répondre

- Propose des moyens de voir tes dents et de les compter.
- La chute de la première dent de lait est un événement. As-tu déjà perdu des dents ?
- Fais un dessin pour illustrer le texte du document **3**.

se laver les dents ?

Pour les curieux

- En te regardant dans un miroir, compte tes dents.
- Combien de sortes de dents vois-tu ? Quelles sont les différences entre ces dents ?

Les dents sont vivantes

4 Je trouve que mes dents définitives sont très belles.
Pour les garder bien blanches et en bonne santé, je dois les brosser deux fois par jour : le soir, avant de dormir et le matin, après le petit déjeuner.

5 **Radiographie de dents vivantes.**

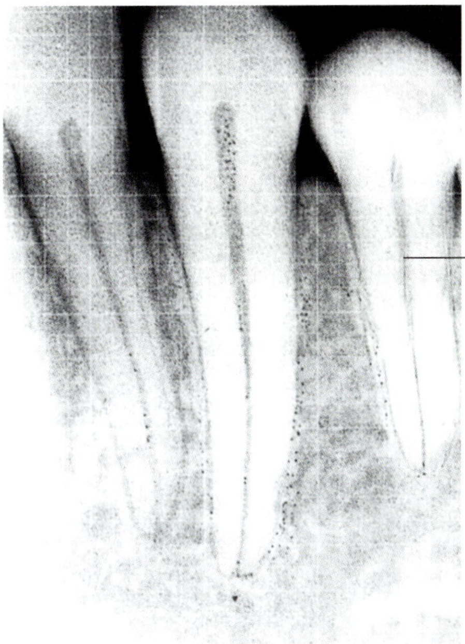

À toi de répondre

- Décalque la radiographie **5** et colorie la partie vivante de la dent. Indique sur ton dessin les mots : couronne, racine.
- Explique pourquoi il faut se laver les dents après les repas.

6 **Le dentiste est le docteur des dents.**
Il m'a dit :

« Tes dents sont vivantes. Tu dois en prendre soin.
Les bonbons et les aliments sucrés sont mauvais pour tes dents.
Le soir, après avoir sucé un bonbon, il ne faut jamais t'endormir sans te laver les dents. »

J'ai découvert

À partir de 6 ans, les dents de lait tombent et sont remplacées par des dents définitives.
Tes dents sont vivantes. Pour les garder en bon état, tu dois les brosser après chaque repas.

Les mots scientifiques à connaître

• Dent de lait • Dent définitive • Partie vivante de la dent

Jusqu'à quel âge

Des questions pour commencer

- Comment sais-tu que tu grandis ? Comment le vérifier ?
- Tes parents grandissent-ils ? Comment le savoir ?
- Ces mains sont-elles celles d'un bébé, d'un enfant ou d'un adulte ? À quoi le reconnais-tu ?

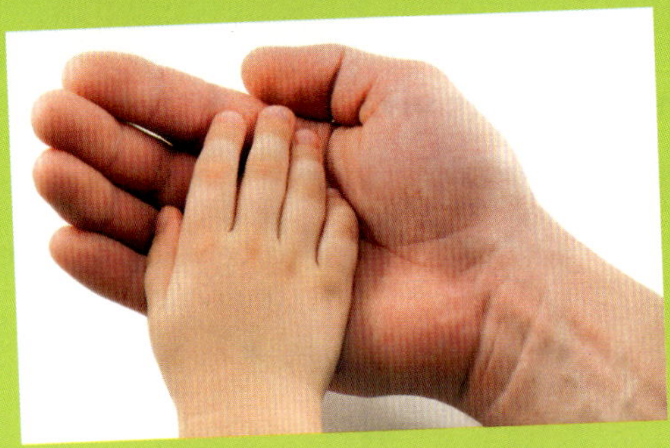

Un problème à résoudre

- Jusqu'à quel âge grandiras-tu ?

Tu grandis un peu

1 Range ces photographies dans l'ordre, du plus jeune au plus âgé.

a

b

2

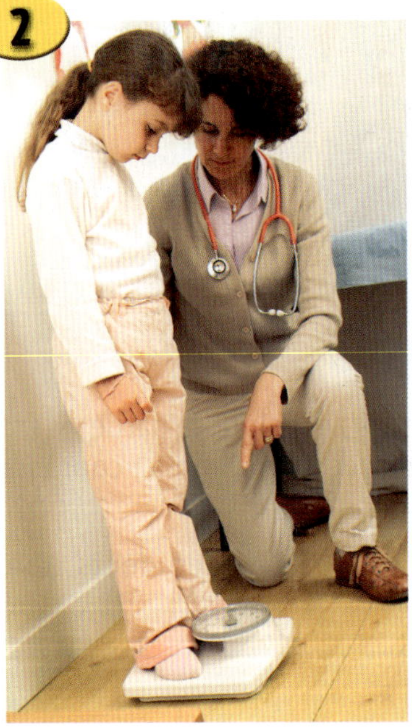

Se peser régulièrement permet de surveiller sa santé.

J'ai découvert

Depuis ta naissance, ton corps grandit et grossit. Tu continueras de grandir jusqu'à l'âge de 20 ans environ. Les adultes ne grandissent plus.

Les mots scientifiques à connaître

• **Croissance** • **Croissance en taille** • **Croissance en poids**

grandiras-tu ?

Pour les curieux

- Qui est le plus grand de la classe ? Comment le savoir ?

chaque jour

c

d

e

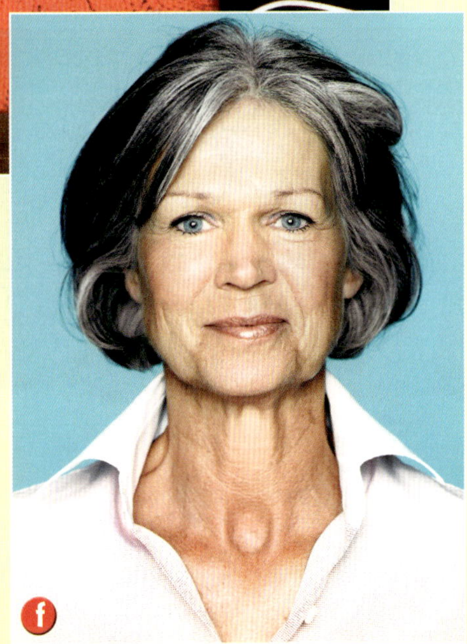
f

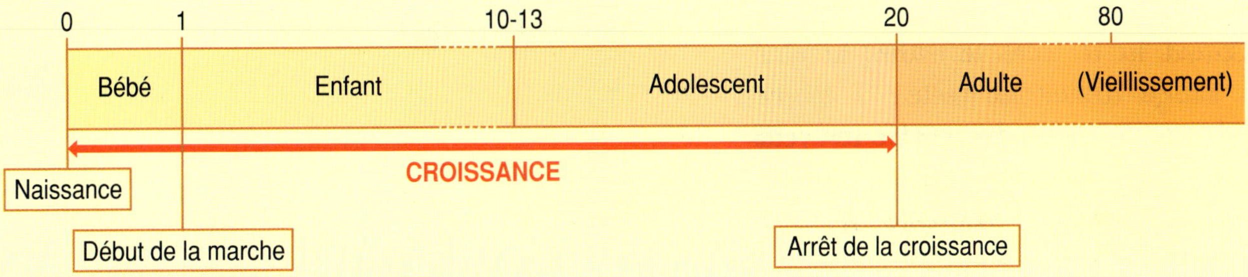

Des règles simples pour

Des questions pour commencer

- Quand doit-on se laver les mains ; et se laver les dents ?
- Comment doit-on se laver les ongles ?
- À quelle heure te couches-tu ? Combien d'heures dors-tu ?
- Sais-tu ce que veut dire « grignoter » ? Es-tu un grignoteur ?

Un problème à résoudre

- Faire une liste d'erreurs à éviter et justifier les recommandations du médecin.

Réponds aux questions du médecin

1 Dors-tu suffisamment ?

Un enfant doit dormir chaque jour :

- à la naissance : 16 à 19 heures ;
- vers 1 an : 13 à 14 heures ;
- vers 3-4 ans : 11 à 13 heures ;
- vers 10 ans : 10 heures ;
- à 13 ans : 9 heures et demie ;
- à 18 ans : 9 heures.

Le médecin m'a expliqué

« Ton cerveau est un organe qui se fatigue. Le sommeil fait disparaître cette fatigue. À la naissance, la construction du cerveau n'est pas terminée ; elle se poursuit, chez l'enfant, surtout pendant le sommeil. »

2 Que manges-tu et que bois-tu au petit déjeuner ?

Le médecin m'a expliqué

« Quand tu te lèves le matin, tu n'as pas mangé depuis la veille. Si tu ne prends pas le temps de prendre ton petit déjeuner copieusement, c'est le "coup de pompe de 11 heures" inévitable. »

rester en forme

3 **Bois-tu des boissons sucrées entre les repas ? Es-tu un grignoteur ?**

Le médecin m'a expliqué

« Pour éviter les caries dentaires et ne pas prendre le risque de devenir obèse, il faut absolument éviter de boire toute la journée des boissons sucrées et de grignoter constamment. »

4 **Pour rester en forme tu dois…**

- dormir suffisamment ;
- avoir des activités physiques (courir, sauter, marcher, jouer…) ;
- limiter le temps passé devant la télévision ;
- respecter les règles d'hygiène (te laver les mains souvent, te brosser les dents après chaque repas, prendre régulièrement une douche…) ;
- avoir une alimentation saine et équilibrée ;
- éviter le grignotage et la consommation de boissons sucrées à tous moments de la journée.

À toi de répondre

- Raconte ce que tu vois sur chacune des photographies.
- Combien de temps regardes-tu la télévision chaque jour ?
- Que penses-tu des règles que tu lis dans le doc **4** ?

J'ai découvert

Pour être en forme, je dois respecter les règles d'hygiène corporelle, dentaire, alimentaire.
Éviter le grignotage est un moyen efficace de prévention de l'obésité.

Les mots scientifiques à connaître

- **Hygiène** • **Prévention** • **Obésité**

Rencontre avec des poètes

Le cerf

A quoi sert,
monsieur le cerf,
sur votre tête
hautaine,
cette antenne ?

À prendre
des concerts,
sur la troisième
chaîne ?

– C'est pour
écouter la voix
du vent
dans les bois.

Pierre Gamarra

La puce

Une puce prit le chien
pour aller de la ville
au hameau voisin
à la station du
marronnier
elle descendit
vos papiers dit l'âne
coiffé d'un képi
je n'en ai pas
alors que faites-vous ici
je suis infirmière
et fais des piqûres
à domicile.

Robert Clausard

La chauve-souris

Ni chauve,
Ni souris,
Elle qui vole
On l'injurie
Par jalousie.

Frédéric Kiesel

Rencontre avec des poètes

J'ai planté un grain de blé,
J'ai récolté du pain doré.

J'ai planté un pépin de raisin,
J'ai récolté un tonneau de vin.

J'ai planté un noyau d'olivier,
J'ai récolté un rameau de la Paix.

J'ai planté un germe de cœur,
J'ai récolté une forêt d'amour.

Robert Fabbri
Arboiseaux

L'enfant a dit à l'oiseau :
« – Voici des graines,
Voici de l'eau.
Je n'ai rien d'autre à vous offrir,
Car je ne suis pas reine. »

L'oiseau répondit à l'enfant :
« – Voici pour vous mon simple chant.
Il ne s'élève pas très haut.
Je n'ai rien d'autre à vous offrir,
Car je ne suis qu'un oiseau. »

Le soleil brillait sur la neige,
Pour l'enfant et pour l'oiseau.
Amour, que la joie est légère !
Amour, comme le monde est beau !

Armand Bernier
L'ami des arbres et des oiseaux

L'oiseau voyou

Le chat qui marche l'air de rien
voudrait se mettre sous la dent
l'oiseau qui vit de l'air du temps,
oiseau voyou moineau vaurien.

Mais, plus fûté, l'oiseau lanlaire
n'a pas sa langue dans sa poche,
et siffle clair comme eau de roche
un petit air entre deux airs.

Un petit air pour changer d'air
et s'en aller voir du pays,
un petit air qu'il a appris
à force de voler en l'air.

Faisant celui qui n'a pas l'air
le chat prend l'air indifférent.
L'oiseau s'estime bien content
et se déguise en courant d'air.

Claude Roy, *« L'oiseau voyou »*,
in *Enfantasques*

Rencontre avec des artistes

Ce matin, j'ai rencontré le printemps

LE PRINTEMPS.
Tableau de Claude Monet (1882). Musée des Beaux-Arts, Lyon.

Le printemps

Ce matin
Au détour du chemin
Je rencontrai le printemps,
Des fleurs à son chapeau
Des fleurs à son manteau
Et même sur son dos.
Les unes blanches semées de rouge
D'autres mauves
Et d'autres rouges et d'autres bleues
Quelle joie c'était pour mes yeux.

Henriette Ammeux-Roubino
Rencontre avec le printemps

et des poètes

Le printemps vient après l'hiver

Mars

Mars qui rit, malgré les averses,
Prépare en secret le printemps…

Pour les petites pâquerettes
Sournoisement, lorsque tout dort,
Il repasse des collerettes,
Et cisèle des boutons d'or.

Puis, lorsque sa besogne est faite,
Et que son règne va finir,
Au seuil d'avril, tournant la tête,
Il dit : « Printemps, tu peux venir ! »

Théophile Gautier
Extrait de *« Premier sourire du printemps »*

C'est l'été

Trois petits moustiques
M'ont piqué :
Un sur le front,

Un sur le nez,
Et le troisième
Au bout du pied !

Trois petits boutons
Ont poussé :
Un sur le front,
Un sur le nez,
Et le troisième
Au bout du pied !

Me voilà tout défiguré !
C'est l'été.

Thérèse Boudet, *Perce-neige*

Automne

Quand automne en saison revient
La forêt met sa robe rousse
Et les glands tombent sur la mousse
Où dansent les petits lapins.

Les souris font de grands festins
Pendant que les champignons poussent.

Ah ! que la vie est douce, douce,
Quand l'automne en saison revient.

Samivel. Extrait de *Goupil*

Rencontre avec des poètes

Grâce à lui, j'avais les saisons sous les yeux

« Autrefois, à Paris, j'avais en face de mes fenêtres, un arbre, un marronnier…
j'allais dire un marronnier rose, mais il fallait attendre le printemps.

Défeuillé, c'était un arbre nègre, noir de poussières et de fumées. Mais, grâce à lui, j'avais les saisons sous les yeux…

Un bel arbre, émouvant, généreux. Il me rendait aussi les nids, les piaillements des moineaux rassemblés par le crépuscule, les battements d'ailes des ramiers. »

Maurice Genevoix
Un jour

Pépin de pomme

Graine de pomme dans ma main,
goutte brune, tendre pépin,
je tiens le pommier dans ma main.

Je tiens le tronc et les ramures
et les feuilles et les murmures,
la chanson des oiseaux vivants
et les mille routes du vent.

Graine fine, pépin léger,
dans ma main, je tiens le pommier,
pépin menu, graine fragile,
si je te jette au sol profond,
par-dessous les pluies et les neiges
voici les fleurs, voici les fruits,
la lune sur les pommes bleues,
le soleil sur les pommes rouges,
et mon cœur qui bouge, qui bouge,
dans la romance des pommiers.

Pierre Gamarra

La matière et les objets

Solide

Des questions pour commencer

- Combien d'objets vois-tu sur cette photographie ? Cite-les.
- Les substances qui constituent ces objets sont-elles des solides ou des liquides ? Combien y en a-t-il ?

Un problème à résoudre

- Quels caractères permettent de distinguer les solides du liquide ?

Des ressemblances et des différences

1

2 Il ne faut pas confondre « solide » et « dur ».

3 À quoi reconnaît-on un solide ?

On peut le transporter sans utiliser de récipient.

On peut le saisir avec les mains.

On peut le casser ou le couper en morceaux.

Sa forme ne change pas quand on le déplace sans appuyer ni tirer dessus.

À toi de répondre

- Cite les objets que tu reconnais sur la photographie 1.
- Parmi ces objets, lesquels sont solides ? Lesquels sont liquides ?
- Cite un solide dur et un solide mou.
- À quoi reconnaît-on un solide ?

Pour les curieux

- Tu peux faire une collection de solides et de liquides et les classer en deux groupes.

Trois grands groupes

4 Le sel fin, le gros sel, la farine, le sable fin… sont des solides en grains.

Tu peux séparer mes grains.

Il faut un récipient pour me transporter.

Je peux me mettre en tas.

Je « coule » quand on me verse.

5

6 Quand le menuisier scie du bois, il fabrique de la sciure : c'est un solide en grains.

À toi de répondre

- Quels caractères communs les liquides présentent-ils avec les solides en grains ?
- La sciure de bois est-elle faite de la même substance que le bois (voir doc 6) ?

J'ai découvert

Une substance peut se présenter sous la forme d'un solide compact, d'un solide en grains ou d'un liquide. Les liquides et les solides en grains présentent de nombreux caractères communs.

Les mots scientifiques à connaître
- **Objet** • **Substance** • **Solide** • **Solide en grains**
- **Liquide**

La glace, est-ce

Des questions pour commencer

- L'hiver, l'eau des flaques peut geler. Que veut dire « geler » ?
- Qu'est devenue l'eau du bac à glaçons mis dans le compartiment de congélation du réfrigérateur ?
- Que se passe-t-il si tu poses un morceau de glace sur la table ?

Un problème à résoudre

- Eau liquide et glace : s'agit-il d'une ou de deux substances ? La température est-elle responsable de ce changement d'état de la matière ?

Sous tes yeux, la glace devient de l'eau

1 Mets un glaçon dans un verre vide et regarde ce qui se passe.

2 L'expérience de Sophie.

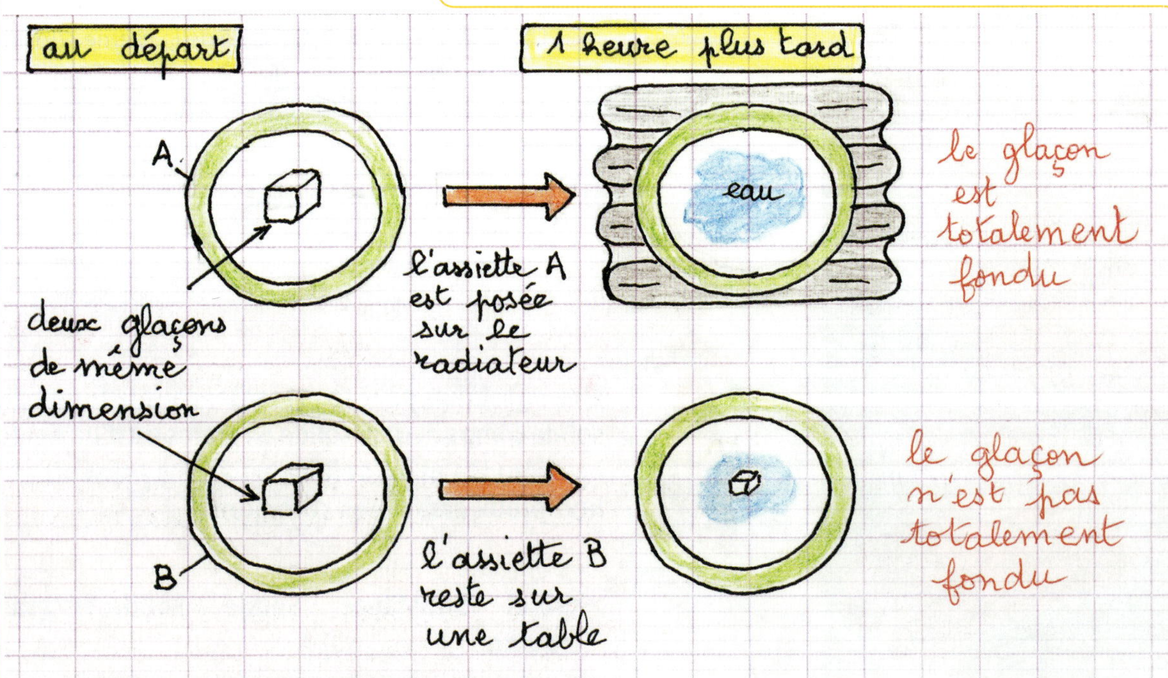

de l'eau solide ?

Pour les curieux

- Place des récipients contenant un peu d'eau dans différents endroits : dans un placard, dans un congélateur, dans un réfrigérateur, sur le rebord extérieur d'une fenêtre… Note tes observations.

Sous tes yeux, l'eau se transforme en glace

3 Fabrique de la glace.

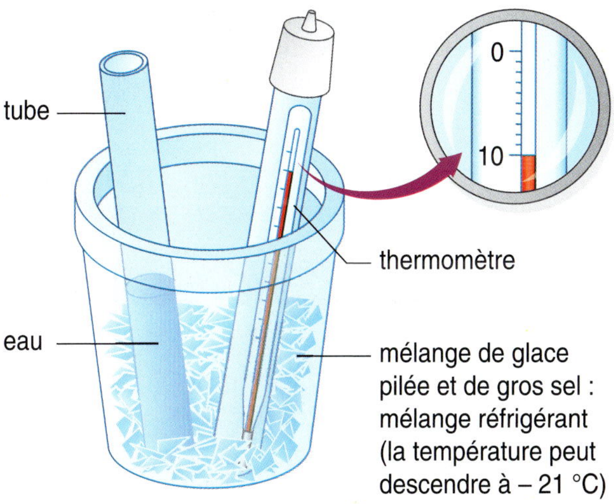

4 Les essais de Nouria.

Nouria a mis de l'eau dans quatre petits pots.
Le soir, elle a laissé un pot dans quatre endroits différents.
Voici ses résultats le lendemain :

	Température	Résultat
dehors	– 5 °C	l'eau gèle
sous le préau	+ 1 °C	l'eau reste liquide
dans le réfrigérateur	+ 4 °C	l'eau reste liquide
	– 5 °C	l'eau gèle

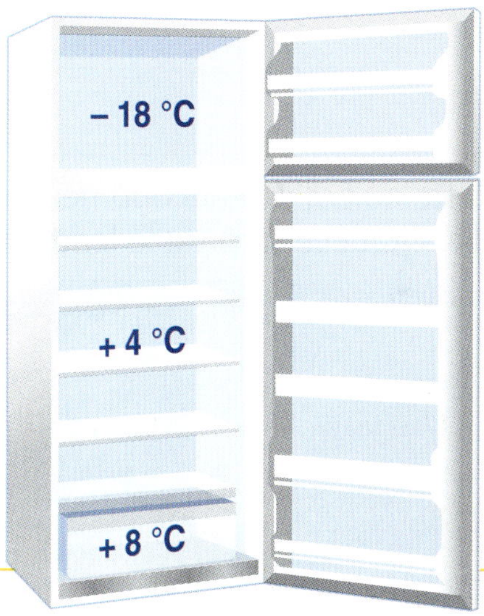

A toi de répondre

- Dans l'expérience 3, l'eau liquide s'est transformée en glace. Comment s'appelle cette transformation ? La température très basse est-elle la cause de cette transformation ?
- En quoi consiste l'expérience de Nouria ? Quel renseignement en dégage-t-elle ?

J'ai découvert

Glace et eau liquide sont une même substance : l'eau. À la température ambiante d'une pièce, la glace fond : c'est la fusion de la glace. Quand la température est suffisamment basse, la glace se forme : c'est la solidification de l'eau.

Les mots scientifiques à connaître

- **Glace** • **Eau liquide** • **Fondre et fusion**
- **Solidifier et solidification**

Qu'est-ce que

Des questions pour commencer

- Dans ta région tombe-t-il souvent de la neige ?
- La neige est constituée de très petites étoiles comme celle-ci :

Ces étoiles sont formées de cristaux de glace. À ton avis, que se passe-t-il quand on comprime de la neige dans ses mains ?

Un problème à résoudre

- De quelle substance est constituée la neige ? Comment expliquer les propriétés de la neige ?

Les flocons tombent sans bruit

1 Lorsqu'il neige, des flocons blancs « tombent du ciel ». Ces flocons, très légers, sont formés de très nombreuses étoiles, elles-mêmes constituées de minuscules cristaux de glace.

2 Cette nuit, il a beaucoup neigé « sans faire de bruit ». Quelle surprise le lendemain matin !

Pour les curieux

- La chaleur accélère-t-elle la fonte des neiges ?
- Quelles expériences proposes-tu pour justifier ta réponse ?

La neige est très légère

Pourquoi la neige est-elle…
si légère ;
si glissante quand elle est écrasée ?

3 Une expérience pour expliquer la légèreté de la neige.

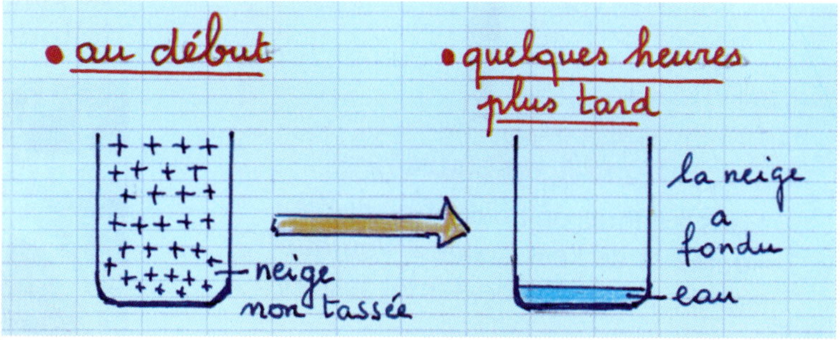

4 La neige écrasée est très glissante et dangereuse.

A toi de répondre

- De quelle substance la neige est-elle constituée ?
- Comment expliques-tu les résultats de l'expérience **3** ?
- Pourquoi peut-on tasser la neige ?

J'ai découvert

La neige est de l'eau solide. Elle est constituée de cristaux de glace assemblés en petites étoiles. Ces petites étoiles emprisonnent entre elles de l'air. Quand on tasse la neige, on chasse l'air.

Les mots scientifiques à connaître
- **Neige**
- **Cristaux de neige**

L'eau dans la nature : une

Des questions pour commencer

- « Je provoque de nombreux accidents ». « Je suis dur et le plus souvent transparent ». Qui suis-je ?
- Que vois-tu sur cette photographie ?

Un problème à résoudre

- Dans la nature, où trouve-t-on de l'eau liquide et de l'eau solide ? Pourquoi est-elle tantôt liquide, tantôt solide ?

Au cours des saisons

1 Non, ce n'est pas de la neige !
Il s'agit de givre constitué de petits cristaux de glace qui se forment sur les feuilles, sur la toiture des maisons, sur les automobiles…

A toi de répondre

- Le givre est-il de l'eau liquide ou de l'eau solide ?
- Où vois-tu de l'eau sur les photographies 1 et 2 ?
- Donne d'autres exemples d'eau liquide et d'eau solide dans la nature.

2 Dans cette région de montagne, il y a de la neige en hiver, mais pas en été.

question de température

Pour les curieux

- Tu peux rassembler des images où il y a de l'eau sous différentes formes, puis les classer et réaliser un panneau pour la classe.

Ces montagnes sont couvertes de neige, même en été

Le mont Blanc, le sommet le plus haut d'Europe.

Un glacier n'est pas une rivière dont l'eau serait gelée. La glace des glaciers est de la neige tassée, accumulée pendant de nombreuses années.

Les sommets élevés sont recouverts de neige toute l'année, même en été. En effet, à cet endroit, il gèle la nuit et la neige ne fond que très lentement.

3

À toi de répondre

- Pourquoi y a-t-il de la neige sur les sommets et pas à plus basse altitude ?
- À quelle température peut-on avoir de l'eau liquide ; de l'eau solide ?

J'ai découvert

Dans la nature, l'eau peut prendre différents aspects : brouillard, pluie,... pour l'eau liquide ; verglas, givre, glace, neige,... pour l'eau solide. On la trouve également dans les lacs, les rivières, les glaciers... L'eau est liquide quand la température est supérieure à 0 °C, et solide quand la température est inférieure à 0 °C.

Les mots scientifiques à connaître

- **Eau liquide** • **Eau solide** • **Glacier** • **Verglas**

Les nuages

Des questions pour commencer

- Qu'observes-tu dans le ciel quand il pleut ?
- À ton avis, qu'est-ce qu'un nuage ?
- Comment les nuages se déplacent-ils ?

Un problème à résoudre

- Pourquoi tombe-t-il tantôt de la pluie, tantôt de la neige, tantôt de la grêle ?

Qu'est-ce qu'un nuage ?

1 Est-ce toujours de l'eau qui tombe du ciel ?

2 **L'eau dans les nuages, est-ce de l'eau liquide ou de l'eau solide ?**

Les nuages situés à moins de 3 km d'altitude sont formés de gouttelettes d'eau. Un litre de nuage contient jusqu'à un million de gouttelettes.

Les nuages situés très haut, à une distance de 6 à 15 km de la Terre, sont formés de cristaux de glace. À cette altitude, il fait très froid, de − 10 à − 50 °C, même en été.

Les nuages de moyenne altitude, entre 3 et 6 km de la Terre, sont formés d'un mélange de gouttelettes d'eau et de cristaux de glace.

Une goutte de pluie se forme soit par la fusion de cristaux de glace, soit par la réunion du million de gouttelettes d'eau contenu dans un litre de nuage.

Pour les curieux

- Collectionne des images de nuages. Ont-ils tous la même forme ?

Prudence ! Ce soir il y a du brouillard

3 Le brouillard est formé de gouttelettes d'eau liquide en suspension dans l'air. C'est un nuage qui touche le sol.

Un danger pour les cultures : les grêlons

4

Les grêlons sont des morceaux de glace, parfois gros comme un œuf, qui tombent du ciel et peuvent faire de gros dégâts.

A toi de répondre

- Sous quelles formes l'eau peut-elle tomber du ciel ?
- Qu'y a-t-il dans un nuage ?
- Pourquoi dit-on que le brouillard est un nuage qui touche le sol ?
- Quand peut-il y avoir risque de brouillard givrant ?

J'ai découvert

Les nuages sont constitués d'eau : soit de gouttelettes d'eau liquide quand la température est supérieure à 0 °C, soit de cristaux de glace quand la température est inférieure à 0 °C.

Les mots scientifiques à connaître

- **Nuage** • **Pluie** • **Brouillard** • **Grêle**

Il n'y a pas que

Des questions pour commencer

- Comment peut-on, à partir d'un glaçon en forme de cube, obtenir un glaçon en forme de lapin ?
- La photographie ci-dessous montre un récipient rempli de fer liquide. En versant ce métal fondu dans des moules, on fabrique des objets. D'après toi, d'où vient ce fer liquide ?

Un problème à résoudre

- Beaucoup de corps solides fondent quand on les chauffe. Cette fusion se produit-elle toujours à la même température pour une substance donnée ?

Comment recycler les restes de bougies ?

1 En récupérant les coulures et les « restes » de bougies, tu peux fabriquer de belles bougies neuves et faire ainsi du « recyclage ».

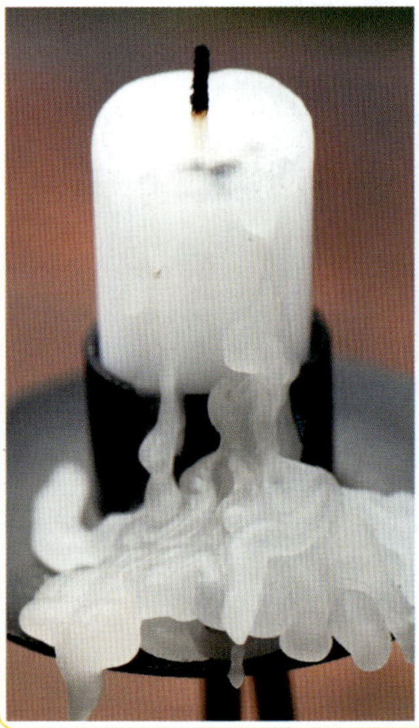

2 **Les étapes de la fabrication d'une bougie.**

a

b

c

La paraffine est chauffée au bain-marie. Elle fond à 60 °C.
Elles se solidifie quand elle se refroidit.

d

Les métaux fondent quand on les chauffe

3 Le fer, le cuivre, le plomb, l'argent, l'or… sont des métaux.
Ils fondent tous quand on les chauffe à des températures différentes.
Par exemple, la température de fusion est de 1 535 °C pour le fer.

Sur la photographie, le métal liquide coule dans des moules où, en se refroidissant, il deviendra solide.

A toi de répondre

- Décris les différentes étapes de la fabrication d'une bougie (document **2**).
- Nomme les changements d'état de la matière qui interviennent dans la fabrication de la bougie.
- Pourquoi le métal qui est versé dans les moules est-il liquide (document **3**) ?

J'ai découvert

D'autres substances que l'eau peuvent fondre ou se solidifier. Pour faire fondre du fer, de la paraffine… il faut les chauffer. Ces substances se solidifient quand on les refroidit.

Les mots scientifiques à connaître

• **Fondre** • **Fusion** • **Se solidifier** • **Solidification**

Comment fonctionne

Des questions pour commencer

- Y a-t-il des thermomètres dans ta maison ? À quoi servent-ils ?
- La photographie présente divers types de thermomètres : d'appartement, de bain, médical, de congélateur. Peux-tu les identifier ? Explique les raisons de ton choix.

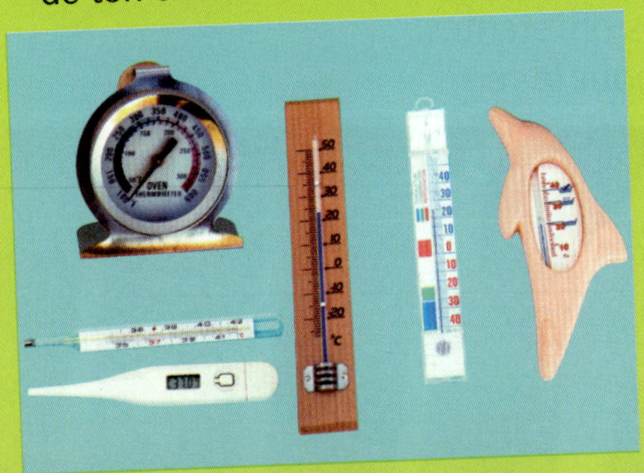

Un problème à résoudre

- Quelle information donne un thermomètre et comment ?

Que lit-on sur un thermomètre ?

1 Le même thermomètre est placé successivement en deux endroits différents. Il n'indique pas la même température. Est-ce normal ?

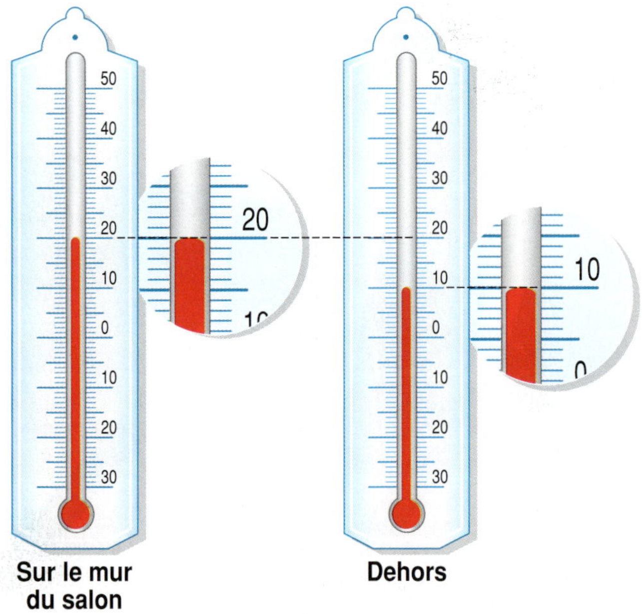

À toi de répondre

- Quelle est la température lue sur le thermomètre dans chacun des cas (document **1**) ?
- Quelle température lis-tu sur chacun des thermomètres du document **2** ?

2 Quelle température lis-tu sur chacun des thermomètres ?

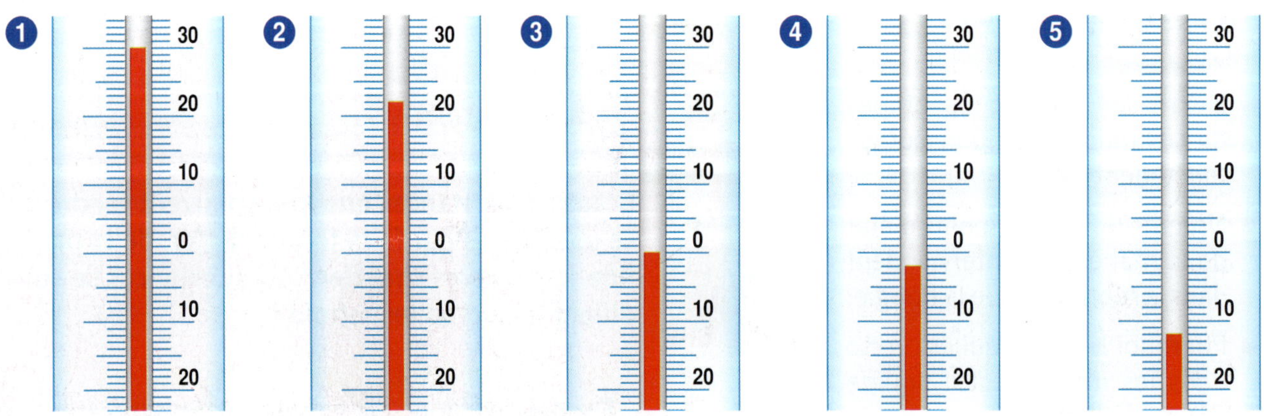

Pour les curieux

- Apporte des thermomètres (ou leur photographie) afin de constituer une collection et de préciser leur usage.

Des essais et une maquette pour comprendre

3 Une expérience avec un thermomètre.

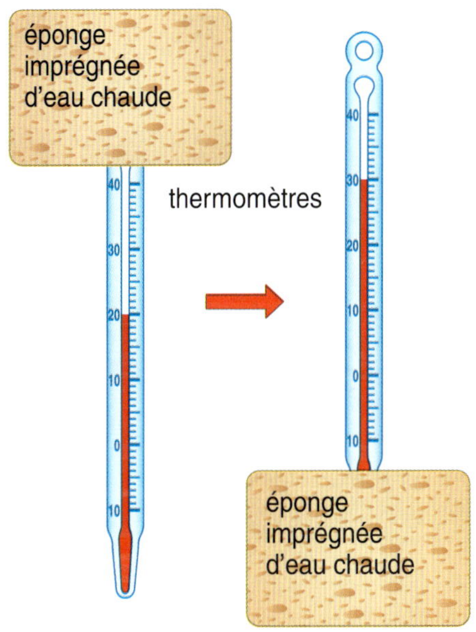

4 Une maquette à construire.

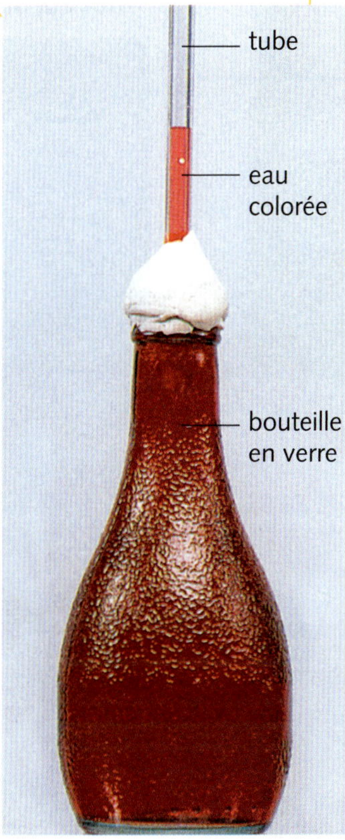

5 La mise à l'épreuve de la maquette.

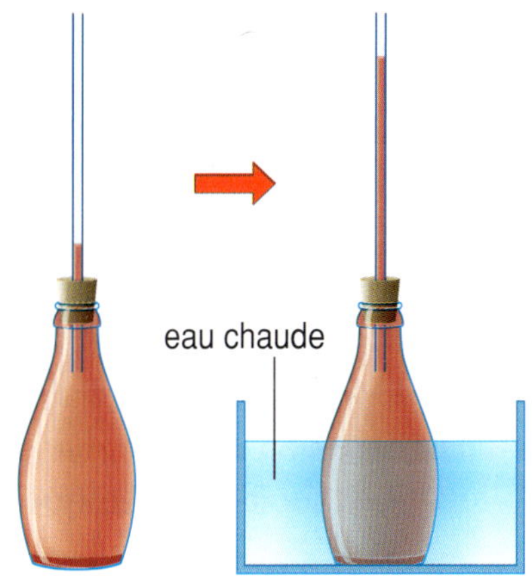

À toi de répondre

- Dans l'expérience **3**, pourquoi le niveau du liquide monte-t-il ?
- Réalise la maquette de la photographie **4** et teste-la.
- Fais un dessin pour mettre en correspondance les éléments de la maquette et ceux d'un thermomètre. Quelles sont les parties essentielles d'un thermomètre à liquide ?

J'ai découvert

Un thermomètre indique la température de l'endroit où il est placé.
Les parties essentielles d'un thermomètre à liquide sont le réservoir, le tube fin, le liquide coloré et le support portant la graduation.
Le niveau du liquide monte quand on chauffe le réservoir du thermomètre.
L'unité de température est le degré Celsius (°C).

Les mots scientifiques à connaître
- **Thermomètre** • **Température** • **Degré (°C)**

Des maquettes d'appareils

Des questions pour commencer

- Où as-tu déjà vu une manche à air ? Quelles informations donne-t-elle ?
- Cite d'autres instruments utilisés en météorologie.
- Qu'est-ce qu'une maquette ? Explique en donnant un exemple.

Un problème à résoudre

- Comment la réalisation d'une maquette permet-elle de comprendre le fonctionnement d'un appareil ?

Tu en vois sur le bord des autoroutes

1 **Dans une station météorologique.**

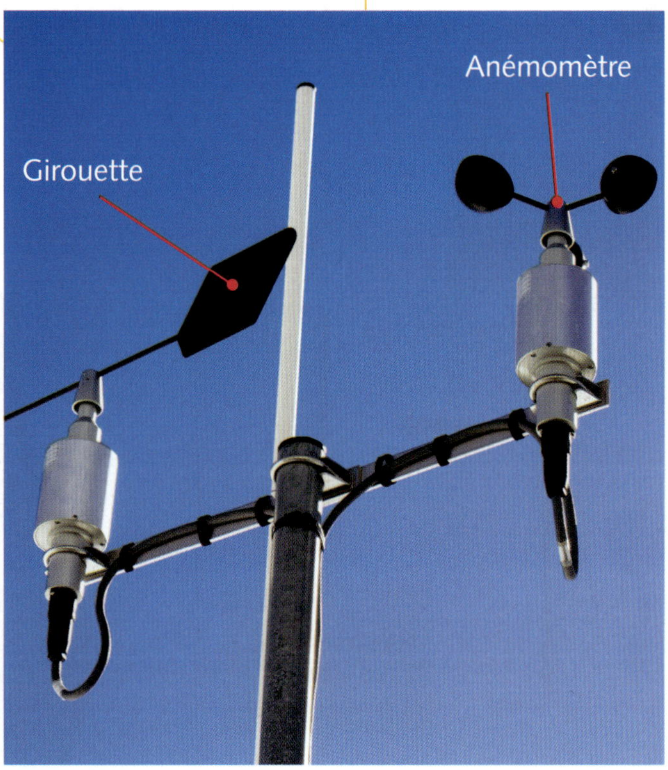

À toi de répondre

- Fabrique la maquette de manche à air et fais-la fonctionner un jour de vent.
- Une manche à air fournit deux informations sur le vent. Lesquelles ?
- Quels mouvements permettent à la manche à air de fournir ces deux informations ?

2 **Construis une maquette de manche à air.**

MATÉRIEL

1. Un rectangle de papier de soie d'environ 50 × 100 cm.
2. Une bande de cartoline d'environ 50 × 3 cm.
3. De la ficelle (de cuisine).
4. Un tasseau de bois.
5. Un clou cavalier.

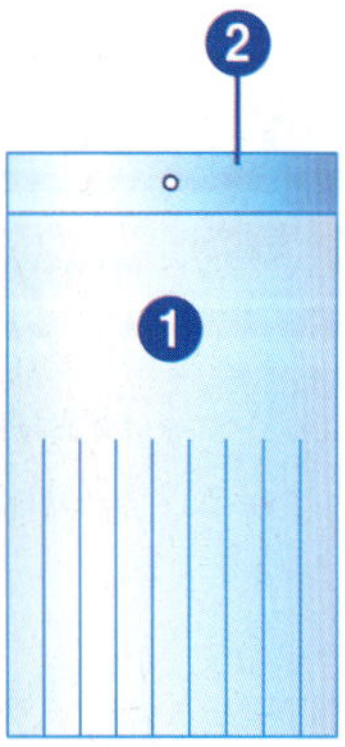

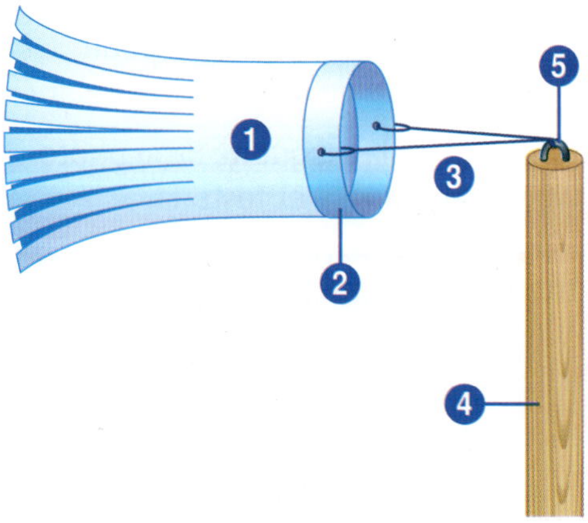

Pour les curieux

- Tu peux faire des relevés météorologiques tous les jours.

Une maquette à construire

3 Un anémomètre.

4 La maquette réalisée.

5 Pour construire la maquette.

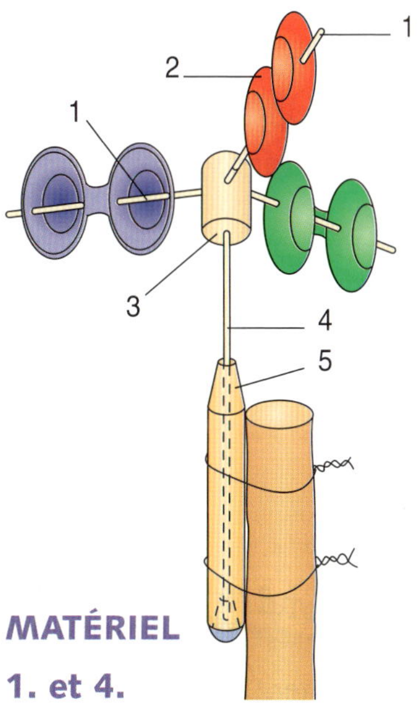

MATÉRIEL

1. et 4. Piques à brochettes en bois.
2. Emballage de fromage.
3. Bouchon de liège.
5. Corps de stylo à bille.

A toi de répondre

- Comment un anémomètre peut-il donner une information sur la vitesse du vent ?
- Qu'est-ce qui rend possible le mouvement des coupelles sur la maquette de l'anémomètre ?

J'ai découvert

Les météorologues utilisent divers appareils pour faire des observations sur le vent.
Une manche à air donne des indications sur la direction et l'intensité du vent.
Un anémomètre donne la vitesse du vent.
Certaines parties de la manche à air et de l'anémomètre doivent être mobiles.

Les mots scientifiques à connaître
- Maquette • Manche à air • Anémomètre • Mouvement

Des balances qui affichent

Des questions pour commencer

- Quel appareil utilise cet enfant ? Pour quoi faire ?
- Où trouve-t-on des balances ? À quoi servent-elles ?

Un problème à résoudre

- De nombreuses balances possèdent une pièce qui se déforme. Comment fonctionnent ces balances ?

Comment peser avec un élastique ?

1 **Fabrique une balance à élastique.**

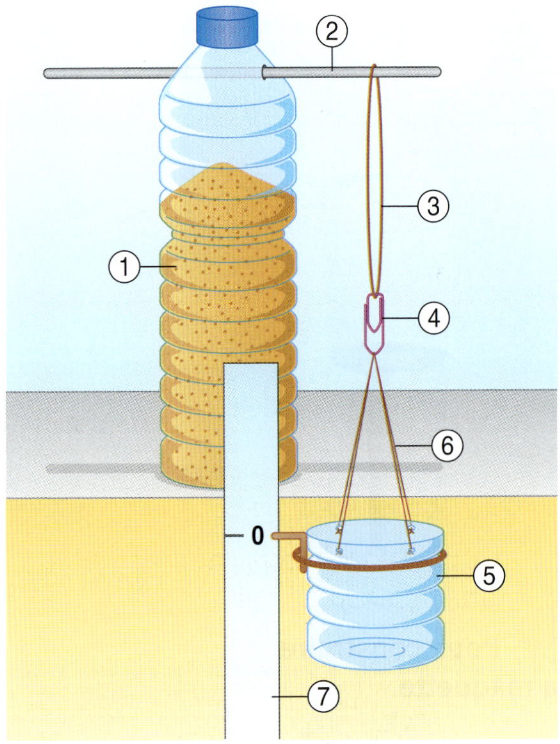

MATÉRIEL

1. Une bouteille remplie de sable.
2. Une baguette de bois ou une tige métallique.
3. Un élastique.
4. Un trombone ou un crochet.
5. Le fond d'une bouteille en plastique.
6. De la ficelle.
7. Une bande de carton.

2 Cécile utilise la balance qu'elle a construite.

À toi de répondre

- Explique comment fonctionne cette balance à élastique.
- Fabrique une balance à élastique et utilise-la pour ranger des objets du plus lourd au moins lourd.

Pour les curieux

- Pèse des objets avec la balance de l'école et avec une balance de cuisine. Compare les modes d'emploi et les résultats obtenus.

Les résultats des pesées successives

3 La pesée de trois fruits avec la balance à élastique.

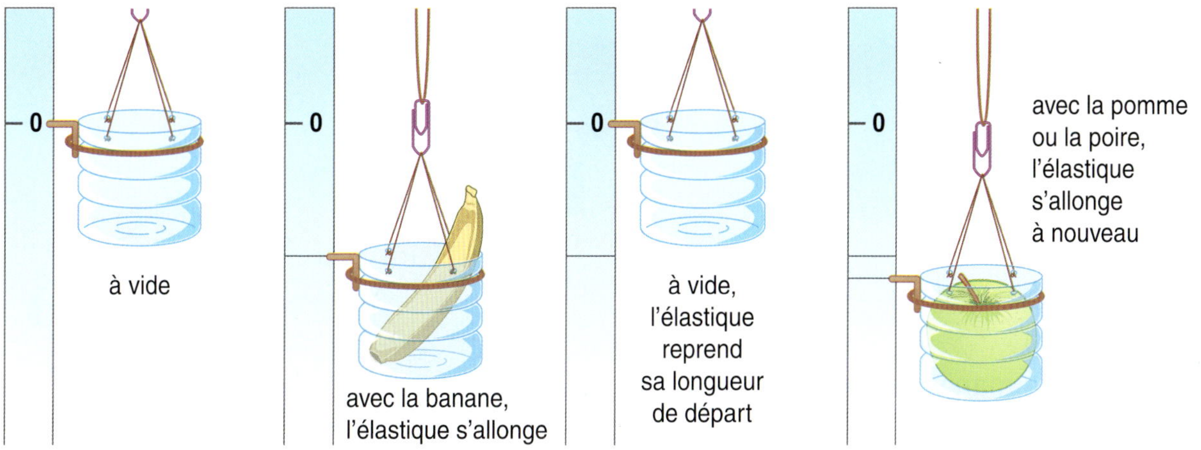

4 La pesée des trois mêmes fruits avec une balance de cuisine.

5 Comparaison des résultats.

Pesée avec la balance de cuisine (en gramme)	
pomme	70
poire	100
banane	60

Pesée avec la balance à élastique

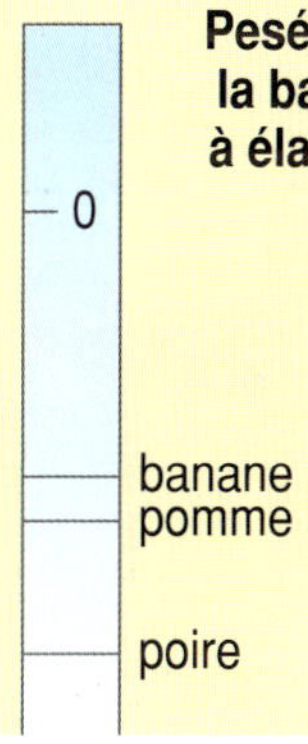

A toi de répondre

- Dans l'expérience **3**, après avoir enlevé la pomme, où se placera le plateau si tu y mets à nouveau la banane ?
- Quel est, pour chacune des deux balances, le fruit le plus lourd ? le plus léger ?

J'ai découvert

Les balances permettent de comparer et de connaître les masses de différents objets. Avec une balance à élastique, plus un objet est lourd, plus l'élastique auquel il est suspendu s'allonge.

Les mots scientifiques à connaître
• **Balance** • **Pesée** • **Masse** • **Gramme**

Découvre

Des questions pour commencer

- À quoi vois-tu que la photographie est celle d'un chantier de construction ?
- À quoi sert une grue sur un chantier ?

Un problème à résoudre

- Comment une grue peut-elle faire monter ou descendre une charge ?

Une grue-jouet

1 La grue-jouet d'Hector

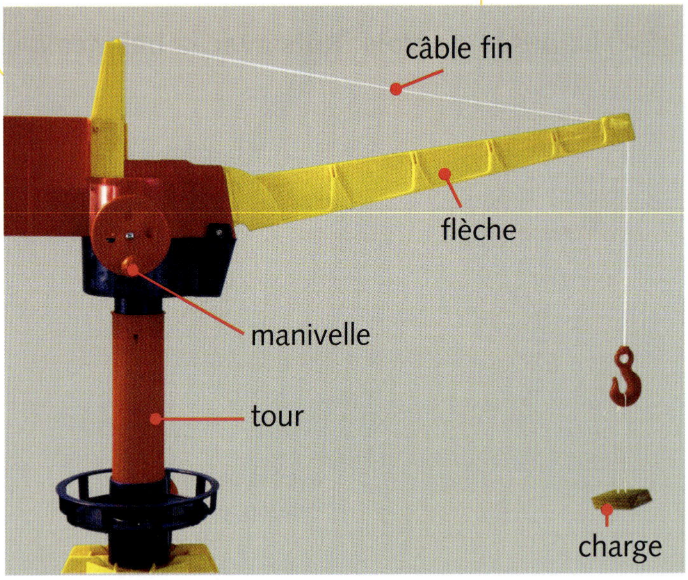

Hector a tourné la manivelle.

2 En tournant la manivelle, on fait monter ou descendre la charge.

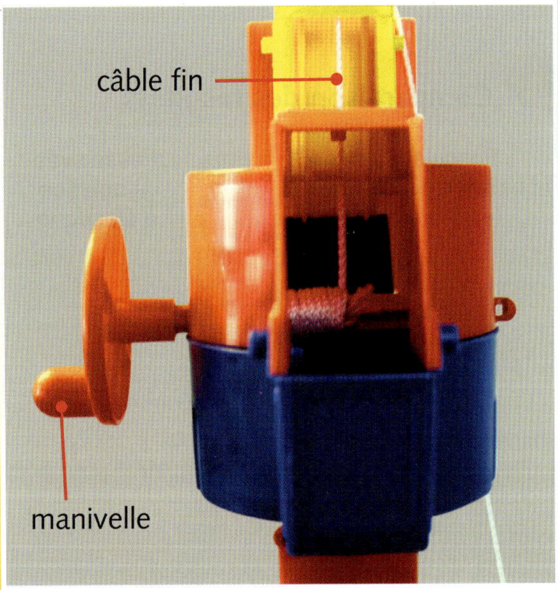

Un treuil est un dispositif qui facilite le déplacement des lourdes charges.

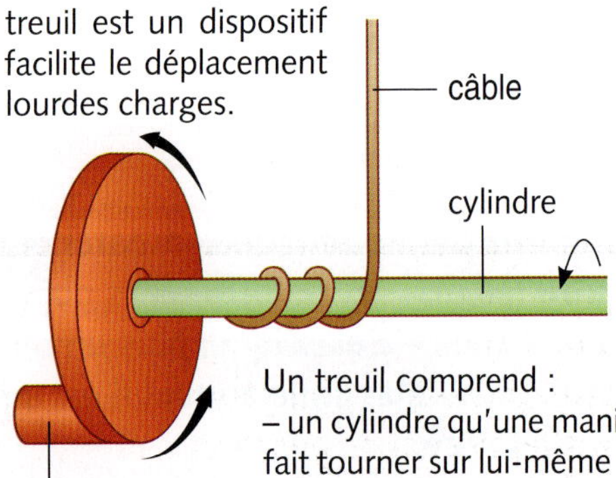

Un treuil comprend :
– un cylindre qu'une manivelle fait tourner sur lui-même dans un sens ou dans l'autre,
– un câble qui s'enroule autour du cylindre.

À toi de répondre

- Comment s'est déplacée la charge quand Hector a tourné la manivelle ?
- Peux-tu prévoir ce qui se passe s'il tourne la manivelle dans l'autre sens ?
- À ton avis, comment fonctionne le treuil d'une grue ?

Pour les curieux

- Réunis des images d'engins de chantier et classe-les selon qu'ils permettent ou non de déplacer des objets.

La maquette construite par Hector

3 **Tu peux fabriquer cette maquette.**

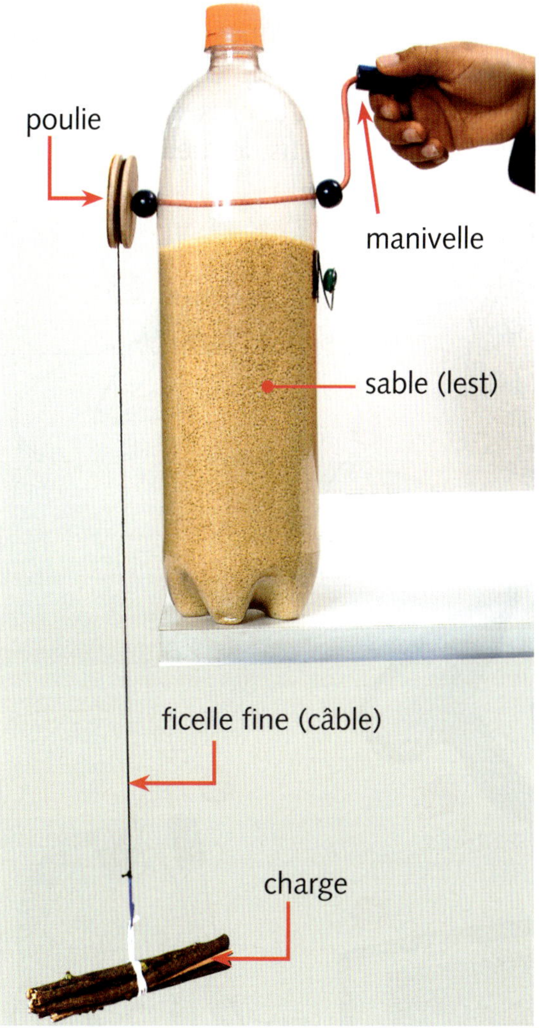

Pour faire cette maquette, il faut :

1. une bouteille lestée avec du sable et percée de deux trous ;
2. une poulie ;
3. du gros fil électrique ;
4. un disque de carton collé sur la poulie et l'extrémité de l'axe ;
5. câble (ficelle) ;
6. deux perles.

À toi de répondre

- Quelle pièce de la maquette doit tourner en même temps que la manivelle ?
- Comment se déplace l'objet suspendu ?

J'ai découvert

Sur une grue, le câble s'enroule autour d'un cylindre qui tourne autour de son axe de rotation et qu'on appelle le treuil.
Quand le câble s'enroule, la charge monte. Quand le câble se déroule, la charge descend.

Les mots scientifiques à connaître

• Grue • Axe de rotation • Manivelle • Charge • Treuil

Qu'est-ce qu'un appareil

Des questions pour commencer

- À quoi reconnais-tu que cet appareil est un appareil électrique ?
- Chez toi, qu'est-ce qui fonctionne à l'électricité ?
- Cite des appareils ou des objets qui fonctionnent avec des piles électriques.

Un problème à résoudre

- Qu'est-ce qu'un appareil électrique ?

Les appareils électriques de cette page

Appareil photographique • Réveil
Aspirateur • Fer à repasser
Sèche-cheveux • Montre
Télévision • Radiateur
Lampe torche

À toi de répondre

- Donne le nom des différents appareils présentés sur le document 1.
- À quoi reconnais-tu les appareils qui doivent être branchés sur une prise de courant ?
- À quoi servent les appareils ci-contre : chauffer, éclairer, faire fonctionner un moteur…

Beaucoup d'appareils fonctionnent à l'électricité

1 Certains appareils électriques doivent être branchés sur une prise de courant, d'autres fonctionnent avec des piles. Parmi ces appareils, il y a un intrus, lequel ?

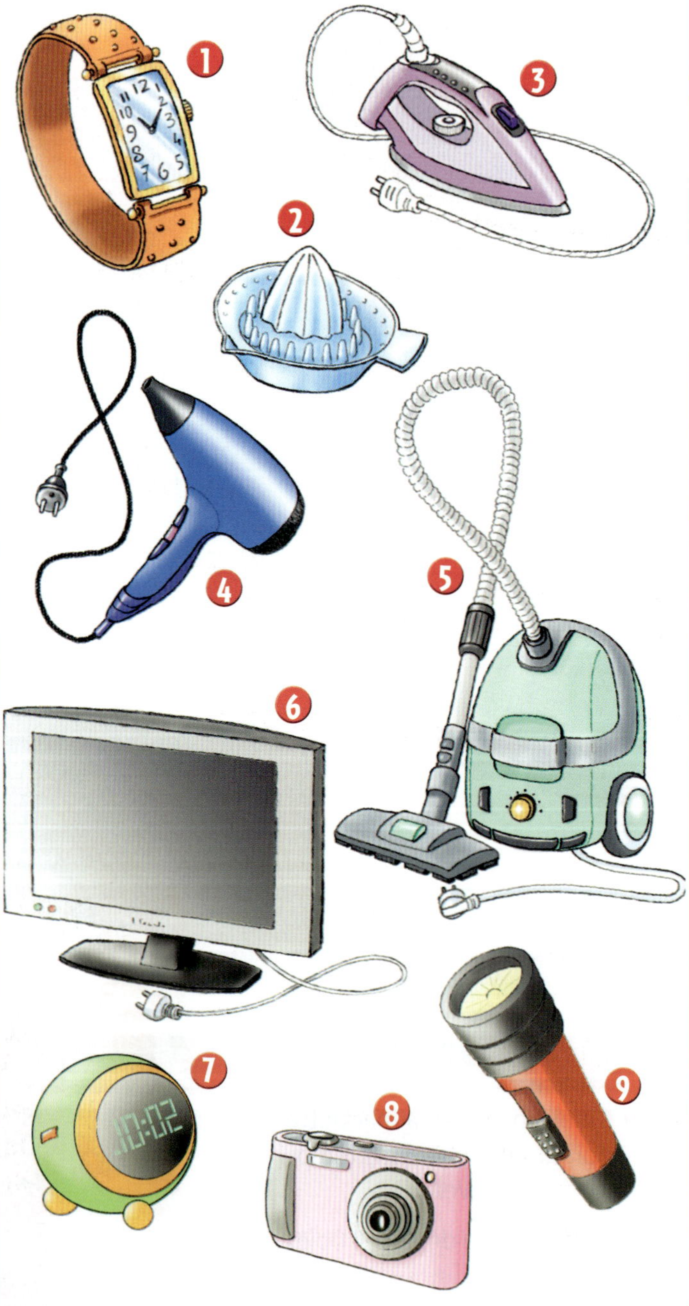

Pour les curieux

- Rassemble des images d'appareils électriques pour en faire une collection.

Qu'est-ce qu'une pile ?

2 Une grande diversité de tailles, de formes… mais toutes ont la même fonction : produire de l'électricité.

3 On peut classer les « piles » en deux groupes :
– les accumulateurs, qui sont rechargeables (par exemple dans un téléphone portable) ;
– les piles non rechargeables.

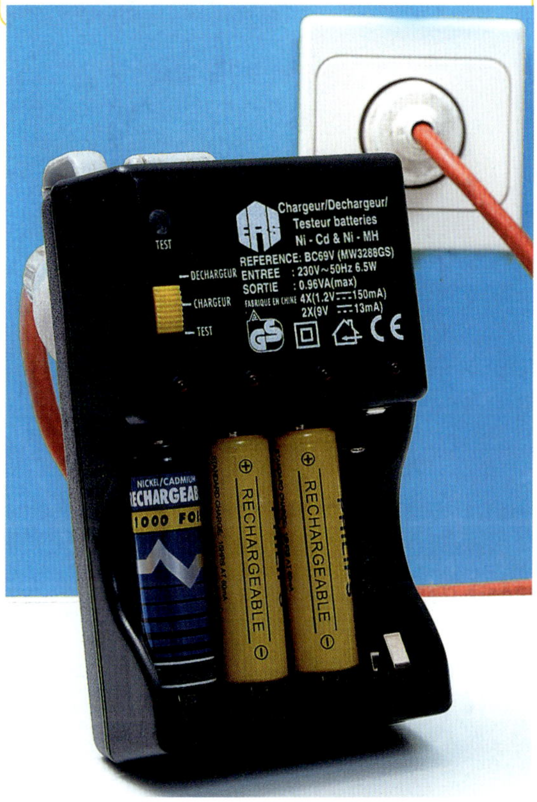

POLLUTION

Il ne faut surtout pas jeter une pile usagée à la poubelle. Elle peut polluer les sols pendant des années !
Il faut l'apporter dans une déchetterie où elle aura le traitement qui convient.

A toi de répondre

- Pourquoi existe-t-il des piles et des accumulateurs de formes différentes ?
- Les piles usées sont des polluants dangereux ; que doit-on en faire ?
- Que fait-on avec un accumulateur après usage?

J'ai découvert

Beaucoup d'appareils fonctionnent à l'électricité. Certains doivent être branchés sur une prise de courant, d'autres fonctionnent avec des piles ou des accumulateurs.
Une pile ne peut pas être réutilisée quand elle est usée. Un accumulateur peut être rechargé et utilisé à nouveau.

Les mots scientifiques à connaître
- **Prise de courant** • **Pile** • **Accumulateur**

Le circuit électrique

Des questions pour commencer

- Dans quelles circonstances se sert-on d'une lampe de poche ?
- Quel est le rôle de l'interrupteur ?
- Quand la pile est « morte », il faut la changer. Pourquoi ?

Un problème à résoudre

- Quel est le circuit électrique dans une lampe de poche ?

L'intérieur d'une lampe de poche

1 La lampe vue de face.

Les expériences que tu peux faire avec des piles sont sans danger.

DANGER

Par contre, ne fais jamais d'expériences avec une prise de courant : c'est très dangereux, l'électricité peut tuer.

2

3

Quand la pile produit de l'électricité, l'ampoule brille.

- **a** ampoule
- **b** interrupteur
- **c** fermoir
- **d** boîtier
- **e** contacts électriques
- **f** pile

Comment placer l'ampoule ?

4

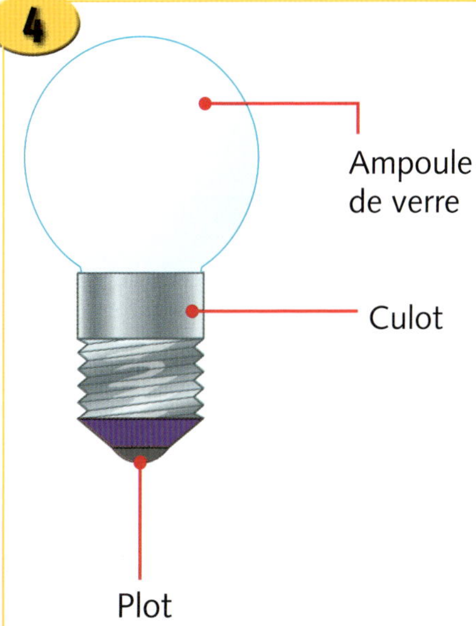

5 Il faut placer l'ampoule de façon précise pour la faire briller.

6 Schéma simplifié du circuit électrique dans la lampe de poche.

À toi de répondre

- Repère les différents éléments d'une lampe de poche en faisant correspondre les chiffres et les lettres (doc **1**, **2**, **3**).
- Fais les essais indiqués sur le document **5**. Précise dans quels cas l'ampoule s'allume.

J'ai découvert

On appelle lampe de poche un petit appareil électrique qui produit de la lumière quand il reçoit de l'électricité. Celle-ci est fournie par une pile. Un interrupteur permet de fermer ou d'ouvrir le circuit électrique c'est-à-dire d'allumer ou d'éteindre la lampe.

Les mots scientifiques à connaître

• Lampe de poche • Pile • Circuit électrique

Réalise un circuit

Des questions pour commencer

- Chez toi, comment commande-t-on l'allumage des lampes électriques ?
- Qu'est-ce qu'un interrupteur ?

Un problème à résoudre

- Quel circuit électrique permet de commander l'allumage d'une lampe ?

Quelle lampe vas-tu construire ?

1 **Des idées de réalisation :** construire l'une de ces deux veilleuses.

2 **Le matériel mis à ta disposition.**

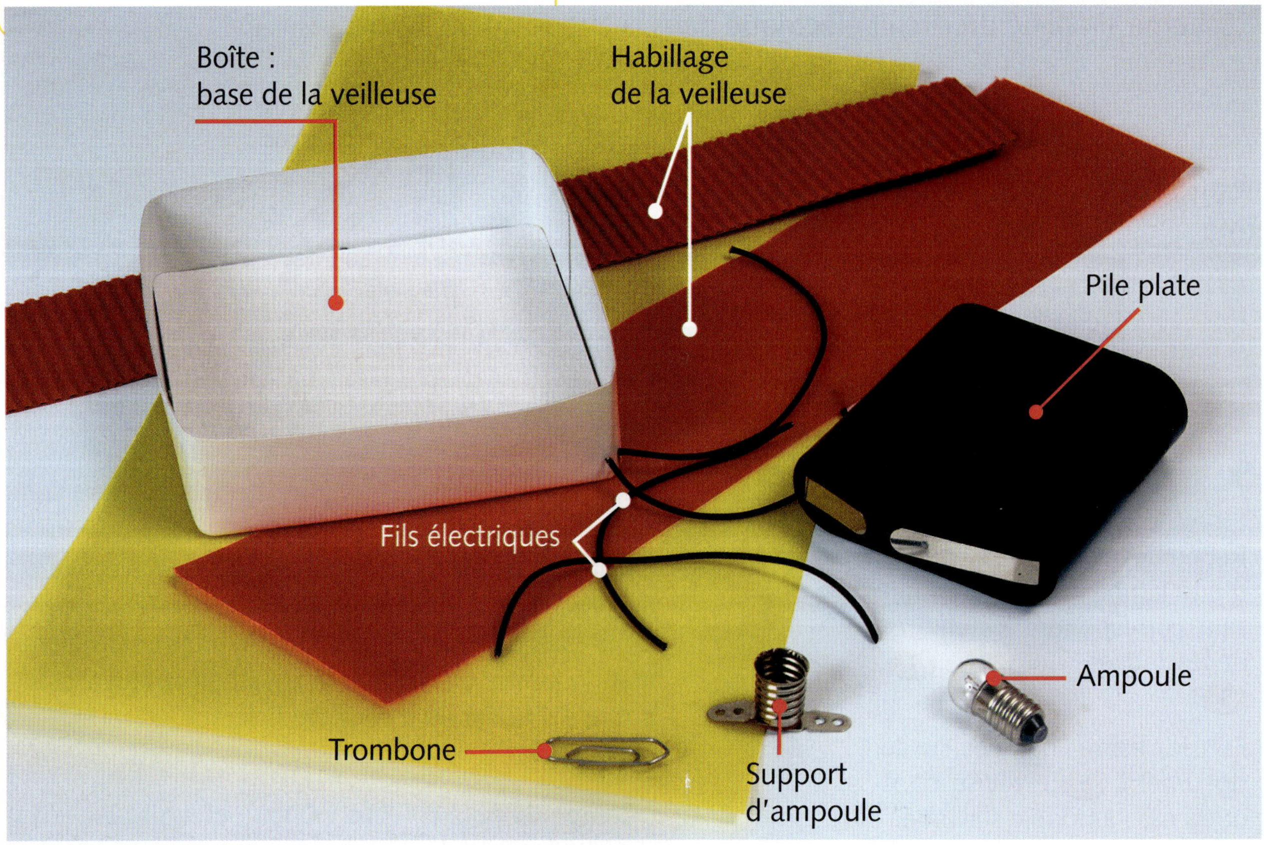

Pour les curieux

- Tu peux faire une chasse aux images de lampes et constituer une collection.

Du tâtonnement à la réalisation

3 Les premiers essais pour comprendre comment faire l'installation électrique.

a

b

4

Dernière étape de la construction : l'habillage décoratif de la veilleuse dont l'ampoule brille.

5 On peut ajouter un interrupteur qui permet d'ouvrir ou fermer le circuit.

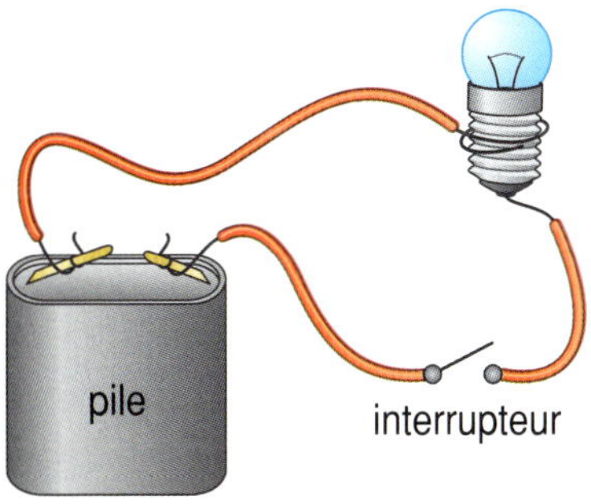

A toi de répondre

- Cassandra a fait deux montages. Propose un schéma pour chacun.
- Explique comment fonctionne un interrupteur.
- Qu'appelle-t-on « bornes » de l'ampoule, « bornes » de la pile ?

J'ai découvert

On appelle bornes de l'ampoule et bornes de la pile les endroits où il faut établir les contacts pour obtenir un circuit électrique.
La réalisation d'un circuit électrique consiste donc à relier une borne de l'ampoule à une borne de la pile et l'autre borne de l'ampoule à l'autre borne de la pile.
Un interrupteur permet de commander l'allumage d'une lampe. Il ferme et ouvre le circuit pour allumer et éteindre la lampe.

Les mots scientifiques à connaître

• Pile • Lampe • Circuit électrique • Interrupteur

Compare des circuits

Des questions pour commencer

- Le moteur électrique de la photographie a deux bornes. Comment peut-on l'intégrer dans un circuit électrique ?
- Où sont les bornes d'une pile plate ? Où sont les bornes d'une pile ronde ?

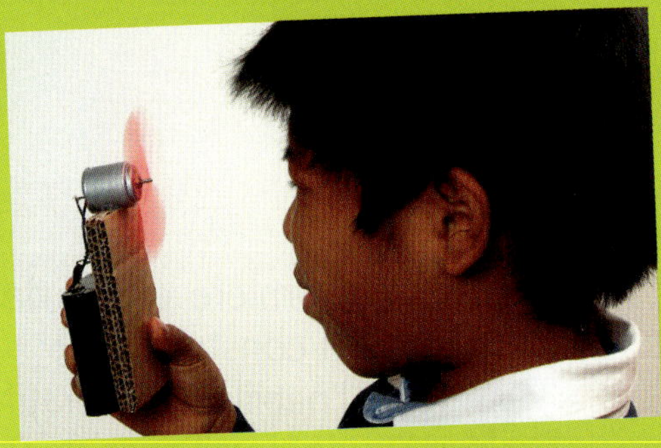

Un problème à résoudre

- Établir les ressemblances et les différences entre deux circuits électriques.

Dans le circuit : un moteur électrique

1 Dans ce ventilateur, il y a deux piles rondes et un moteur.

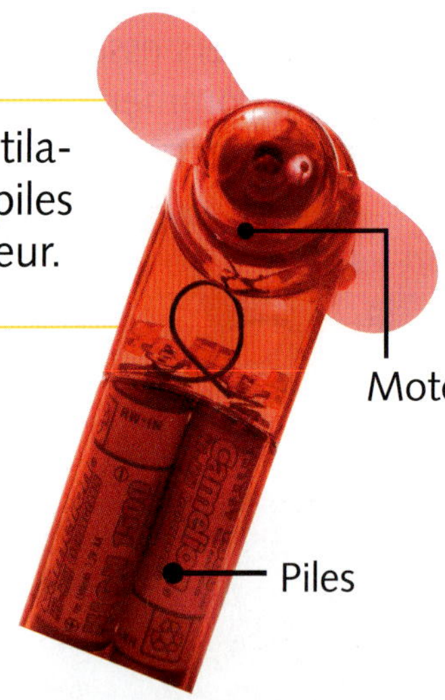

À toi de répondre

- Réalise la maquette du ventilateur.
- Avec quel montage de piles le ventilateur peut-il fonctionner ?

2 **Pour faire le circuit électrique de ta maquette, tu disposes de :**

- un moteur électrique

- une pile plate
- deux piles rondes
- du fil électrique

3 **La maquette terminée.**

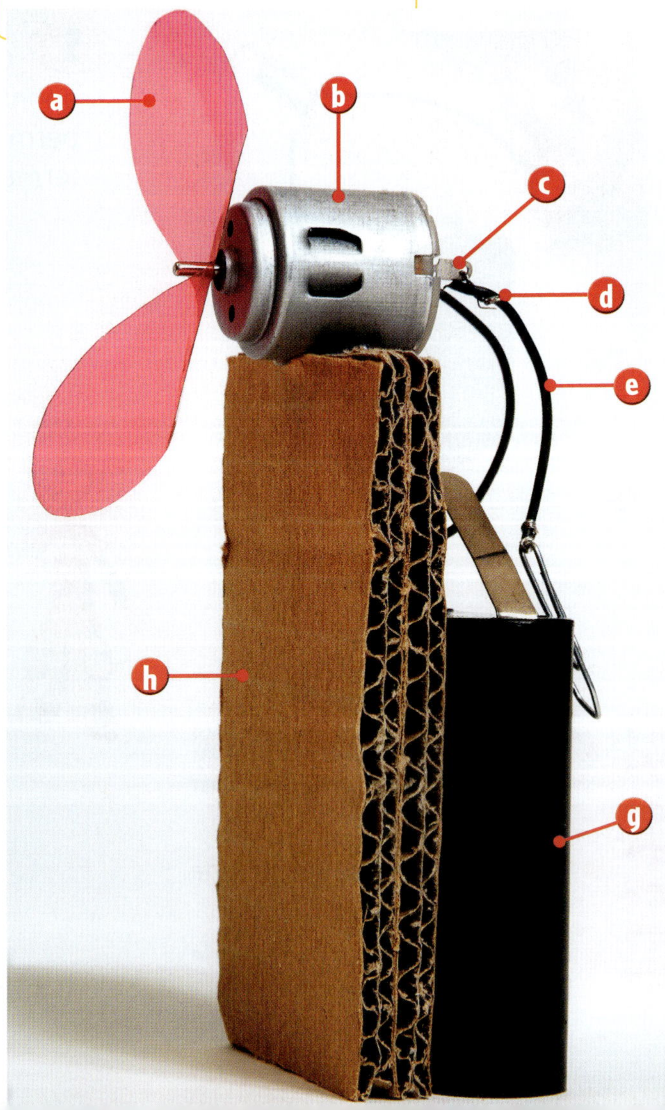

Pour les curieux

- Tu peux rechercher des images de lampes et constituer une collection.

Dans le circuit : une ampoule

4 La lampe torche de Margot

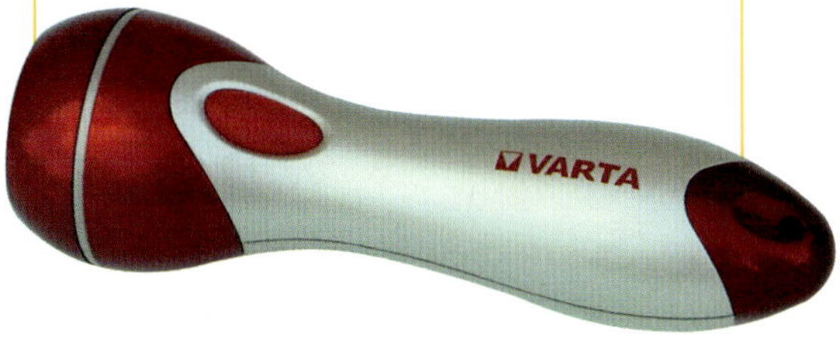

5 Margot a démonté sa lampe torche.

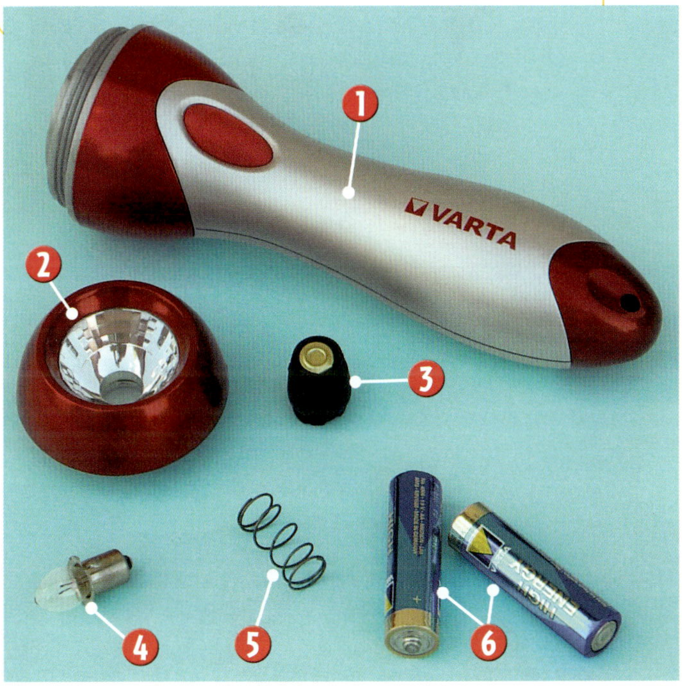

6

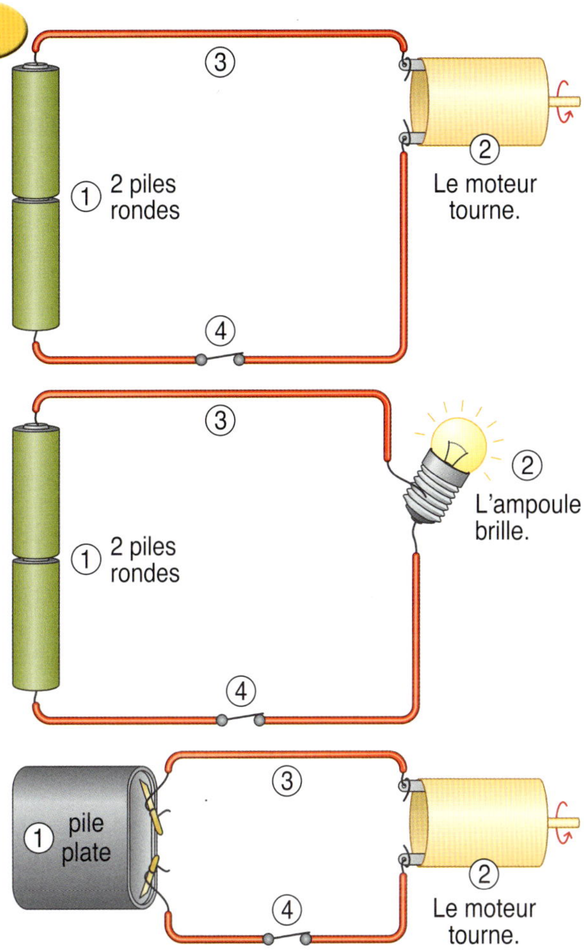

① pile (fournit l'électricité)

② appareil qui utilise l'électricité (ampoule, moteur électrique ...)

③ fil électrique

④ interrupteur

A toi de répondre

- Margot a démonté sa lampe torche. Donne un nom à chacune des pièces numérotées de 1 à 6.
- Dans quel ordre va-t-elle remonter sa lampe ?
- Énumère les ressemblances et les différences entre les trois circuits électriques (document 6).

J'ai découvert

Un circuit électrique comporte un certain nombre d'éléments reliés entre eux dans un ordre précis :
– la ou les piles qui fournissent l'électricité ;
– les fils qui conduisent l'électricité ;
– l'interrupteur ;
– une ampoule ou un moteur.

Les mots scientifiques à connaître

- **Circuit électrique** • **Fils conducteurs**
- **Interrupteur** • **Ampoule ou moteur**

Rencontre avec des poètes

La neige

Les scientifiques disent que la neige fond et devient de l'eau liquide.
Ils disent aussi que la chaleur accélère la fusion.
Les poètes disent-ils le contraire ?

Chanson pour les enfants l'hiver

Dans la nuit de l'hiver
Galope un grand homme blanc
Galope un grand homme blanc

C'est un bonhomme de neige
Avec une pipe en bois,
Un grand bonhomme de neige
Poursuivi par le froid.

Il arrive au village.
Il arrive au village.
Voyant de la lumière
Le voilà rassuré.

Dans une petite maison
Il entre sans frapper,
Dans une petite maison
Il entre sans frapper,

Et pour se réchauffer,
Et pour se réchauffer,
S'asseoit sur le poêle rouge,
Et d'un coup disparaît
Ne laissant que sa pipe
Au milieu d'une flaque d'eau,
Ne laissant que sa pipe
Et puis son vieux chapeau.

Jacques Prévert. Recueilli dans *Histoires*.

Rencontre avec des poètes

Matin de décembre

On s'éveille
Du coton dans les oreilles ;

C'est la neige,
L'hiver blanc
Sur ses semelles de liège
Qui nous a surpris, dormant.

Guy-Charles Cros
Mes belles poésies

Il pleut des grêlons

Il pleut des grêlons

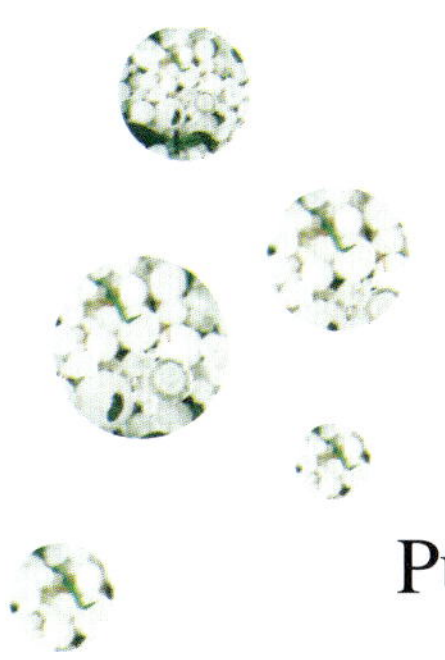

Je suis le grêlon dur et rond
Ou pois chiche ou œuf de pigeon
Qui fait des bonds de sauterelle
Par-dessus le toit des ruelles.
Je cogne partout sans façons,
Puis, dans un coin, tout seul, je fonds.

Comptine

Un nuage parmi les autres,
Reforme sans cesse un visage.
Il promène sur les villages
Un regard dont il ne sait rien,

Et s'il sourit au paysage,
Ce sourire n'est pas le sien.

Mais l'homme qui le voit sourire
Et qui sourit à son passage,
En sut-il jamais davantage ?

Maurice Carême
« *Le nuage* »
in *Petites légendes*

Rencontre avec des artistes

COTEAU DE L'HERMITAGE, PONTOISE.

Tableau de Camille Pissarro (1873). Musée d'Orsay, Paris.

EFFET DE NEIGE À L'HERMITAGE, PONTOISE.

Tableau de Camille Pissarro (1874). Collection privée.

L'espace

Le photographe fait

Des questions pour commencer

- Cadrer une photo, c'est choisir la portion de l'espace que l'on veut photographier. Explique ce que fait Alice.
- Vrai ou faux : lorsque je m'approche du sujet à photographier, la partie photographiée est de plus en plus réduite.

Un problème à résoudre

- La position du photographe a-t-elle de l'importance ?

De face ou de côté ?

Un photographe,
c'est un monsieur sérieux,
il choisit son cadrage,
il mesure des distances.

Un photographe,
c'est un monsieur sensible,
qui enferme dans sa boîte
des tas de souvenirs.

Ces deux maisons sont très belles. Laquelle préfères-tu ?

Le choix est difficile : c'est la même maison photographiée le même jour.

1

2

de nombreux choix

Pour les curieux

- Dans ta classe, photographie un objet dans son ensemble puis un détail. Pour chaque photographie rappelle-toi où tu t'es placé.

De près ou de loin...

3

4

5

6

A toi de répondre

- Quelle photographie est prise de face, la 1 ou la 2 ?
- Laquelle des 2 photographies est prise de plus près, la 2 ou la 3 ?
- Mets dans l'ordre les photographies 3 à 6, de la plus proche à la plus éloignée.

J'ai découvert

Une photographie est le résultat des différents choix faits par le photographe : choix du sujet, choix de l'endroit où il se place, choix du cadrage...

Les mots scientifiques à connaître

- **Photographie** • **Photographe** • **Vue d'ensemble**
- **Détail**

Qu'est-ce qu'une

Des questions pour commencer

- D'après toi, qu'est-ce qu'une photographie aérienne ?
- Comment réalise-t-on des photographies aériennes ?

Un problème à résoudre

- Quels sont les avantages d'une photographie aérienne par rapport à une photographie prise au sol ?

Elle est toujours là ! La reconnais-tu ?

1

Les invités de cette page

Yann ARTHUS-BERTRAND, photographe • La tour Eiffel • Paris

2

3

Pour les curieux

- Y a-t-il dans ce livre d'autres photographies aériennes ? Que montrent-elles ?

Une comparaison intéressante

4

5

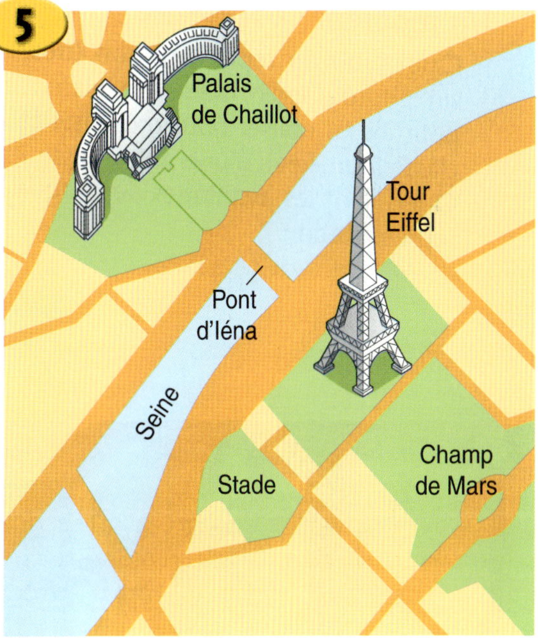

A toi de répondre

- Parmi les quatre photographies de la tour Eiffel, trois sont des photographies aériennes. Lesquelles ?
- Qu'est-ce que le doc 5 ?
- Identifie les points a, b, c, d du doc 4 et e, f du doc 2.

J'ai découvert

Une photographie aérienne d'une ville permet de repérer les rues, les habitations, les places... Elle donne ainsi des indications pour dessiner le plan d'une ville ou d'un quartier.

Les mots scientifiques à connaître

- Photographie aérienne
- Plan

Comment ont-ils

Des questions pour commencer

- Combien y a-t-il d'élèves dans ta classe ? Combien y a-t-il de tables ? Comment sont-elles disposées ? Combien y a-t-il de fenêtres ?

Un problème à résoudre

- Quel type de représentation (dessin, photographie, maquette, plan…) pourrais-tu utiliser pour présenter ta classe à un élève d'une autre classe ? Quels sont les avantages de chaque représentation ?

Avec des photographies de la classe

1

2

représenté leur classe ?

Pour les curieux

- À ton tour de faire la maquette de ta chambre avec des cubes, des Lego.

Avec une maquette et un plan

3

Pour réaliser cette maquette, il faut :

1. un carton sans couvercle,
2. des blocs de bois pour les tables et le bureau du professeur,
3. des blocs de bois pour placards, armoires...
4. un rectangle et un ovale en polystyrène pour les grandes tables,
5. un morceau de tissu,
6. des ouvertures,
7. des étiquettes avec les prénoms des enfants.

À toi de répondre

- À partir des photographies **1** et **2** peux-tu donner, pour cette classe, le nombre de tables, leur disposition, l'emplacement des tableaux, le nombre de fenêtres…
- Quelles autres informations apportent la maquette et le plan ?

4 Le plan de la classe

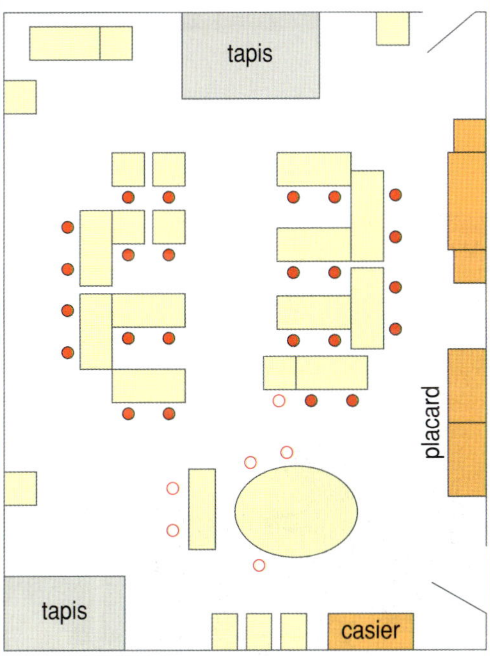

● chaise occupée ○ chaise disponible

J'ai découvert

Une photographie montre certains aspects de la vie d'une classe et de sa disposition. Mais elle ne montre pas tout. La maquette et le plan fournissent des informations complémentaires (nombre de tables, disposition, emplacement des placards, des fenêtres…).

Les mots scientifiques à connaître

- Maquette
- Plan

L'école : un lieu familier

Des questions pour commencer

- Qu'est-ce qu'une école ?
- Quelle différence y a-t-il entre une école et une classe ?
- Ton école a-t-elle un nom ? Lequel ? Que représente-t-il ?

Un problème à résoudre

- Comment reconnaît-on une école ?

Un ensemble de plusieurs classes

1 La même entrée pour toutes les classes.

À toi de répondre

- Sur la photographie **1**, à quoi voit-on qu'il s'agit d'une école ?
- Que reconnais-tu sur la photographie **2** qui caractérise une école ?

2 L'école est constituée d'une cour de récréation, d'un préau et de salles de classe tout autour.

facile à repérer

Pour les curieux

- Dessine le plan de ton école et retrouve le nom de la rue où elle se trouve.

Un lieu protégé

3 L'école a une adresse c'est-à-dire un numéro dans une rue précise.

4 La présence d'une école est signalée à tous par des panneaux routiers.

5 Toutes les précautions sont prises pour éviter les accidents. Chaque jour de classe, l'entrée et la sortie des élèves sont sous la surveillance d'un agent municipal.

A toi de répondre

- Quelles indications signalent ton école aux passants ?
- Trouve-t-on les mêmes que sur les documents **3**, **4**, et **5** ?

J'ai découvert

Dans une ville, on reconnaît aisément la poste, la mairie... c'est-à-dire les lieux publics indispensables à la population. On reconnaît aussi la présence d'une école par différents signalements ou caractéristiques de sécurité.

Les mots scientifiques à connaître

• École • Classe • Adresse • Sécurité

La maquette du quartier

Des questions pour commencer

- Dans quelle rue se trouve notre école ?
- Connais-tu le nom de rues voisines ?
- Comment repère-t-on le nom d'une rue ?
- Que voit-on sur un plan de ville ?

Un problème à résoudre

- Comment réaliser la maquette d'un quartier ?

Une sortie dans le quartier de l'école

1 Des repères importants.

2 Dans une rue du quartier, on peut voir des immeubles, des maisons, des commerces… Prendre quelques photographies fournit des repères.

Pour les curieux

- Et si tu faisais la maquette du quartier de ton école ?

Une maquette et un plan

3 Cette maquette indique les types d'habitations du quartier.

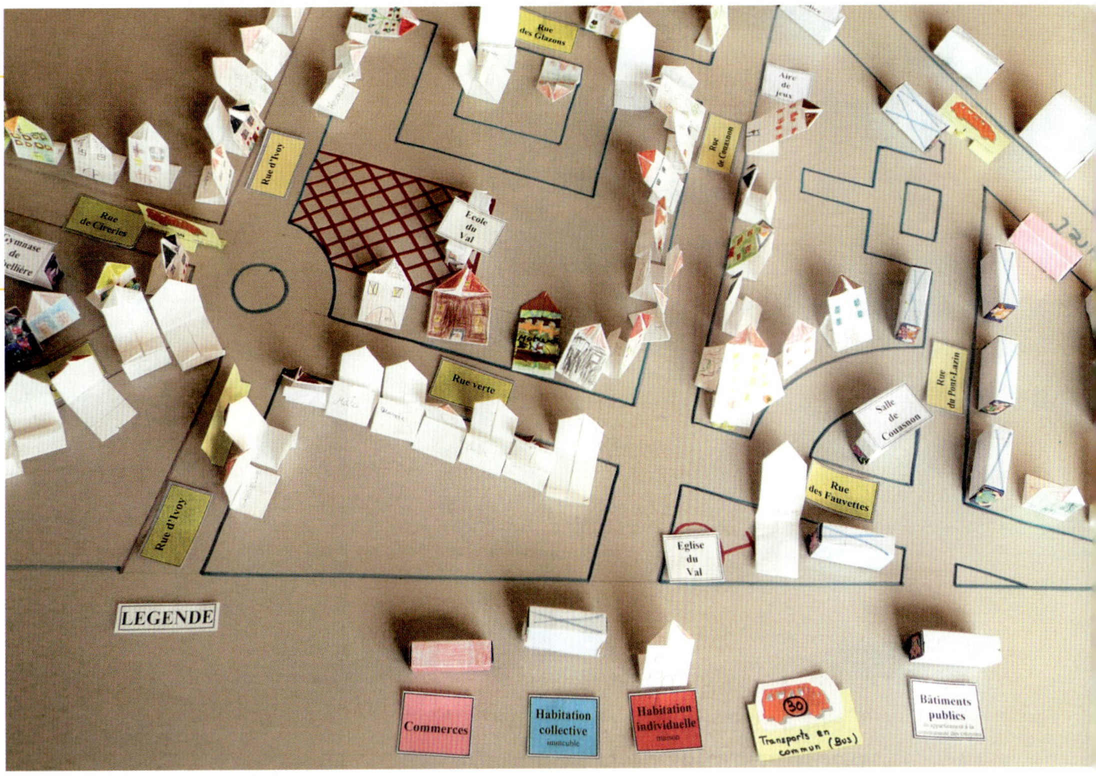

4 Le plan du quartier avec le nom des rues.

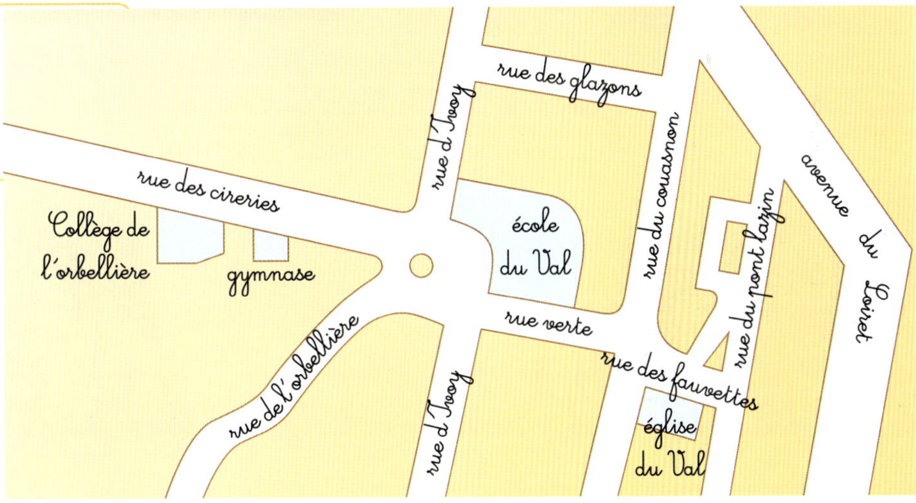

A toi de répondre

- Les photographies apportent-elles une aide pour réaliser la maquette du quartier ?
- Quelles sont les étapes successives de la réalisation d'un plan simplifié du quartier ?

J'ai découvert

La maquette et le plan servent à se repérer pour aller d'un endroit à un autre dans le quartier. La maquette indique en plus le type de maisons qu'on trouve le long des rues du quartier.

Les mots scientifiques à connaître

- **Quartier** • **Maquette** • **Plan**

Qu'est-ce qu'une ville ?

Des questions pour commencer

- Cite le nom de quelques villes que tu connais.
- Comment définirais-tu une ville ? Comment définirais-tu un village ?
- Un village peut-il devenir une ville ?

Un problème à résoudre

- Quelles sont les caractéristiques d'une ville ?

Un centre ville qui n'a pas beaucoup changé

1 Le centre ville d'Orléans, aujourd'hui.

Cent ans séparent ces deux photographies de la même rue du centre ville.

2 Et autrefois, en 1907.

Pour les curieux

- Cherche des photos ou des cartes postales anciennes du quartier où tu vis ?

Autour du centre ville, des quartiers tous différents

3 Des immeubles collectifs.

4 Une zone industrielle.

5

La circulation automobile est un problème dans de nombreuses villes.

A toi de répondre

- Recherche les ressemblances et les différences entre les photographies **1** et **2**.
- Fais la liste des changements que tu observes entre ces deux vues du même centre ville.
- Compare ces quartiers de banlieue d'une même ville.

J'ai découvert

Le quartier du centre ville et les quartiers qui se trouvent autour forment la ville. Chaque quartier est différent dans la forme des habitations.
Pour circuler dans les quartiers, il vaut mieux prendre les transports en commun quand cela est possible.

Les mots scientifiques à connaître

• Centre ville • Quartier • Banlieue • Moyens de transport

La vie dans un village

Des questions pour commencer

- La photographie ci-dessous représente-t-elle un village ? Cite des villages que tu connais.
- Propose un dessin pour expliquer ce qu'est un village.
- Quelle définition donnerais-tu d'un village ? d'un bourg ? d'un hameau ?

Un problème à résoudre

- Rechercher en quoi un village est différent d'une ville.

Des habitations au milieu des champs

1 Une ferme isolée à la campagne.

2 En plus du bourg (avec la mairie, l'école, l'église…), le village possède des fermes isolées ou des hameaux qui regroupent seulement quelques habitations. Autour du village, on trouve des champs de couleurs différentes correspondant aux différentes cultures.

Pour les curieux

- Fais une affiche pour présenter les avantages et les inconvénients de la vie en ville et de la vie dans un village.

Les activités des habitants d'un village

3 La place de l'église est souvent le centre du village. C'est un lieu très animé, le jour du marché.

4 Selon les régions, on cultive du blé, du maïs, de la vigne, des légumes…

A toi de répondre

- Décris ce que tu vois sur les photographies **1** et **2**.
- Sur la photographie **2**, à quoi reconnais-tu qu'il s'agit d'un village ?
- Retrouve-t-on dans un village les mêmes éléments que dans une ville (quartiers, magasins, immeubles, places…) ?
- Où travaillent les habitants d'un village ? Quelles sont leurs activités possibles ?

J'ai découvert

**Un village est beaucoup plus petit qu'une ville et comporte beaucoup moins d'habitants.
Dans un village vivent des agriculteurs qui cultivent les champs, des éleveurs avec leurs troupeaux, des commerçants… et, de plus en plus souvent, des personnes qui se sont installées récemment dans le village et travaillent en ville.**

Les mots scientifiques à connaître

- Village • Hameau • Lotissement • Agriculteur

La vie au bord de la mer

Des questions pour commencer

- D'après toi, où a été prise la photographie ci-dessous ? En quelle saison ?
- Es-tu déjà allé au bord de la mer ? Pour quoi faire ?
- Connais-tu des métiers caractéristiques des gens qui vivent au bord de la mer ?

Un problème à résoudre

- Qu'est-ce qui caractérise la vie au bord de la mer ?

Des bords de mer différents

1 Côte rocheuse

2 Côte sableuse

Pour les curieux

- Sur des catalogues ou des revues, découpe des photographies de bord de mer.
- Cherche des cartes postales de bord de mer et situe-les sur une carte de France.

Comment y vivent les hommes ?

3

4

5

À toi de répondre

- Compare les photographies 1 et 2.
- Pourquoi voit-on en 2 une bande de sable mouillée ? Qu'appelle-t-on marée descendante ?
- Donne un titre à chacune des photographies 3, 4 et 5.
- À partir de ces documents, fais une liste des métiers possibles quand on habite au bord de la mer.

J'ai découvert

Il existe des côtes plates et droites avec des plages, des côtes élevées et découpées avec des rochers ou des falaises.
Au bord de la mer, les activités des hommes sont variées (pêche, élevage comme l'ostréiculture, usines près des ports, tourisme…). C'est pourquoi il y a beaucoup d'habitants sur les côtes.

Les mots scientifiques à connaître

- **Côte** • **Plage** • **Port** • **Pêche** • **Tourisme**

La vie en montagne

Des questions pour commencer

- As-tu déjà fait une promenade en montagne ? Était-ce fatigant ? Pourquoi ?
- Le mont Blanc, la plus haute montagne de France, est toujours enneigé, même en été. Comment l'expliques-tu ?
- Connais-tu les mots sommet, vallée, col, pente ?

Un problème à résoudre

- Qu'est-ce qui caractérise la vie en montagne ?

La montagne, qu'est-ce que c'est ?

1 Sur un sentier de randonneurs.

2 Le glacier et le village du Tour (Vallée de Chamonix dans les Alpes).

Pour les curieux

- Cherche des textes, des peintures qui « parlent » de montagnes.
- Sur des emballages de fromages cherche leur lieu de fabrication. Est-ce en montagne ?

Comment vivent les hommes en montagne ?

3 Depuis très longtemps, l'élevage est une ressource importante.

4

5 Beaucoup plus récemment, le tourisme est devenu une ressource des pays de montagne.

À toi de répondre

- Compare les photographies **1** et **2** (forme des sommets, pentes, végétation…). Vois-tu des habitations ? des routes ?
- Les animaux des documents **3** et **4** vivent en liberté dans de grands espaces. Sont-ils là toute l'année ?
- D'après toi pourquoi la montagne attire-t-elle les touristes (skieurs, alpinistes, randonneurs…) ?

J'ai découvert

La montagne a des sommets élevés, des pentes raides, des vallées, et peu d'habitants.
Les habitants de la montagne ont toujours vécu de l'élevage, pour la viande de boucherie et pour la fabrication des fromages.
Plus récemment, on a construit en montagne des stations de sports d'hiver qui attirent les touristes et les amateurs de sports d'hiver.

Les mots scientifiques à connaître

- Montagne • Sommet • Vallée

Tu vis sur la planète

Des questions pour commencer

- À quoi la Terre ressemble-t-elle le plus : à un ballon de rugby, à un ballon de foot, à une boîte d'allumettes, à un camembert… ?
- De quelle terre parle-t-on quand on dit : « mes bottes sont pleines de terre » ?
- Quelle définition donnerais-tu des mots : planète, étoile, univers, satellite ?

Un problème à résoudre

- Pourquoi dit-on que la Terre est une planète et le Soleil une étoile ?

La Terre vue « du ciel »

1 De nombreux satellites, équipés de matériel très perfectionné, ont été lancés dans l'espace. Ils tournent autour de la Terre à plusieurs milliers de kilomètres et envoient des images de notre planète.

2 **La Terre ne produit pas de lumière :**
elle est éclairée par le Soleil.

océan
France
continent
nuage
Afrique

Le Soleil est une étoile, c'est-à-dire une énorme boule de gaz à très haute température et produisant de la lumière.

3 La Terre est une boule entourée d'une mince couche d'air où se forment les nuages.

Pour les curieux

- Connais-tu d'autres planètes ?

Dans l'Univers, il faut savoir compter !

4 **Des étoiles en quantité astronomique.**
La nuit, quand le ciel est bien dégagé, tu peux voir des centaines d'étoiles. Avec leur télescope, les astronomes en comptent des centaines de milliers.

D'après leurs études et leurs calculs, les scientifiques pensent que, dans l'Univers, il y a 100 000 milliards d'étoiles ! Un nombre tellement « astronomique » qu'on ne peut pas se le représenter.
Les étoiles (le soleil est aussi une étoile) et les planètes sont des astres. Tous ensemble ils forment l'Univers.

À toi de répondre

- Que vois-tu sur la photographie de la Terre (doc 3) ?
- À quoi correspondent les lettres a, b, c, d figurant sur cette photographie ?
- Pourquoi appelle-t-on la Terre « la planète bleue » ?
- Pourquoi la Terre est-elle appelée une planète et le Soleil une étoile ?

J'ai découvert

Le mot terre a deux sens différents : la planète et le sol sur lequel on marche.
La planète Terre est une énorme « boule » recouverte d'eau (les océans) et de terre (les continents), éclairée par le Soleil.
Certaines conditions (température, éclairement, eau,...) ont permis l'apparition de la vie sur la planète Terre et son maintien.
La planète Terre fait partie de l'Univers qui comprend une multitude d'étoiles.

Les mots scientifiques à connaître
- **Terre** • **Soleil** • **Planète** • **Étoile** • **Astre** • **Univers**

Différentes façons de

Des questions pour commencer

- As-tu déjà vu un globe terrestre ? Que représente cet objet ?
- Qu'est-ce qu'une carte routière ? À quoi sert ce type de carte ?
- Qu'est-ce qu'une carte de France ?

Un problème à résoudre

- Établir les différentes représentations de la Terre.

À toi de répondre

- La Terre peut être représentée par le globe terrestre ou par une carte, le planisphère. Quels avantages et quels inconvénients présente chacun d'eux ?
- Combien y a-t-il de continents ? Cite-les.
- Indique le nom des océans.

Globe terrestre et planisphère

1 **Le globe terrestre** est-il une bonne représentation de la Terre ?

2 **Un planisphère est une carte**, c'est-à-dire une représentation plane du globe terrestre.

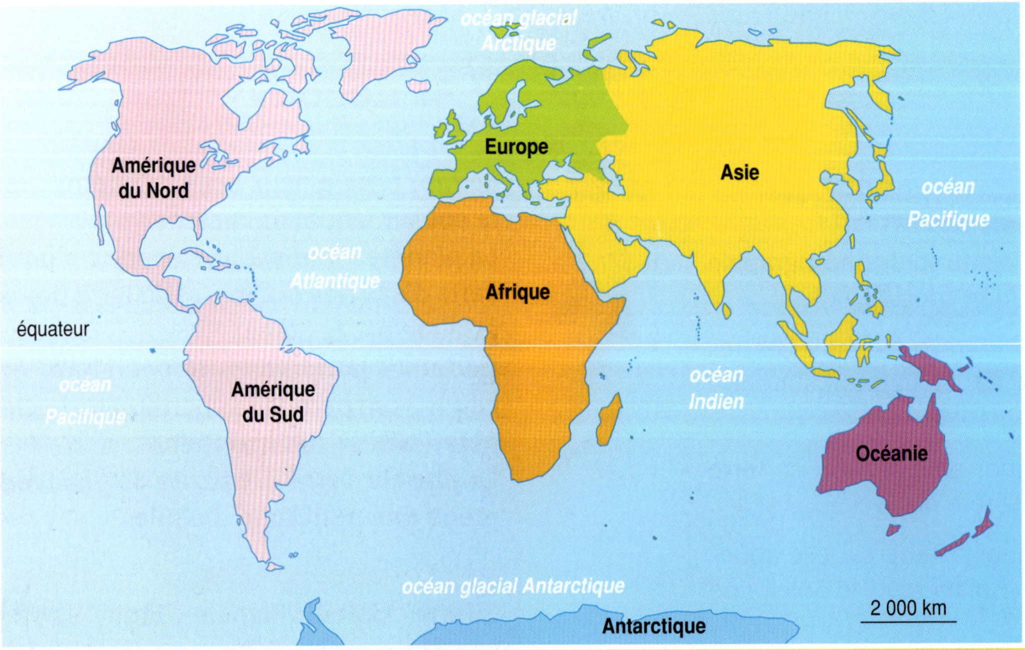

représenter la Terre

Pour les curieux

- Utilise Google Earth pour voir la Terre comme un satellite et te rapprocher progressivement du lieu où tu vis.

À quoi servent les cartes ?

3 Des cartes de France de toutes sortes.

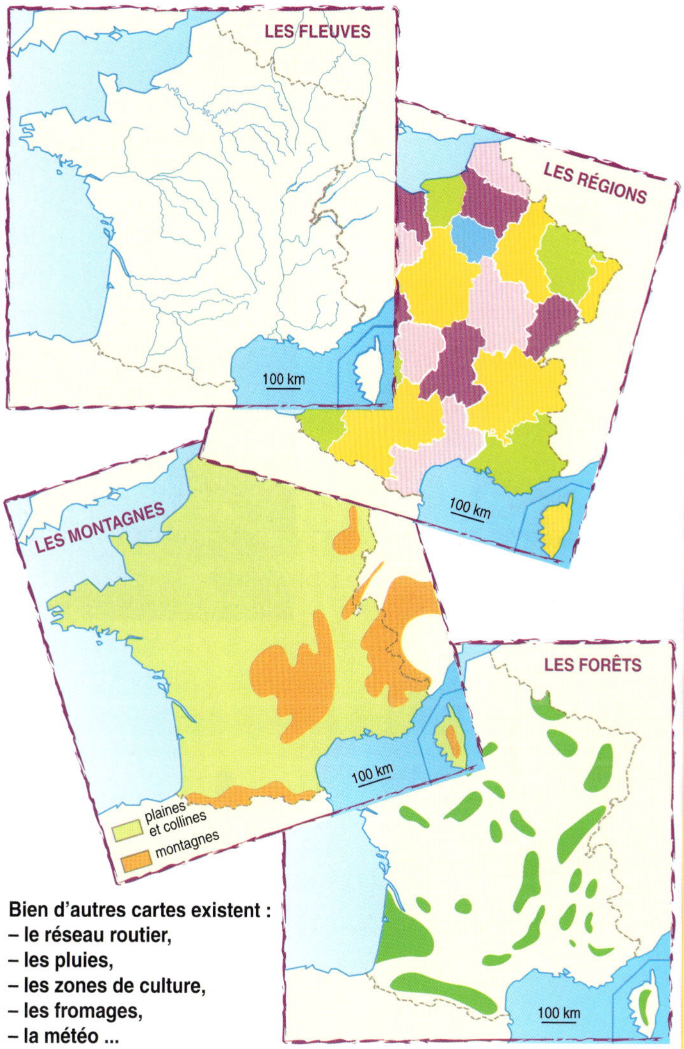

Bien d'autres cartes existent :
- le réseau routier,
- les pluies,
- les zones de culture,
- les fromages,
- la météo ...

A toi de répondre

- Fais la liste des ressemblances et des différences entre les différentes cartes présentées sur le document **3**.
- Tu as déjà vu des cartes de France à la télévision, dans le journal, dans des livres… Quelles informations fournissent-elles ?

J'ai découvert

Le globe terrestre est l'objet qui représente le mieux la Terre : c'est en effet une sorte de maquette de la Terre, en beaucoup plus petit.
Mais, comme toutes les maquettes, elle n'est pas facile à transporter. C'est pourquoi les géographes ont réalisé des plans de la Terre. On les appelle des cartes.

Les mots scientifiques à connaître

- Globe terrestre • Planisphère • Carte

Des plans, des cartes

À qui et à quoi servent les cartes ?

- Les cartes routières, les cartes de randonnée, les plans de ville... fournissent des informations précieuses pour se repérer et trouver son chemin.
- Les photographies aériennes sont actuellement des documents très utiles dans la réalisation des cartes.

...en ville, à Paris

1 **Vue aérienne** de la place Charles de Gaulle, à Paris.

2

L'arc de Triomphe.

3 **Le plan de la place Charles de Gaulle.**

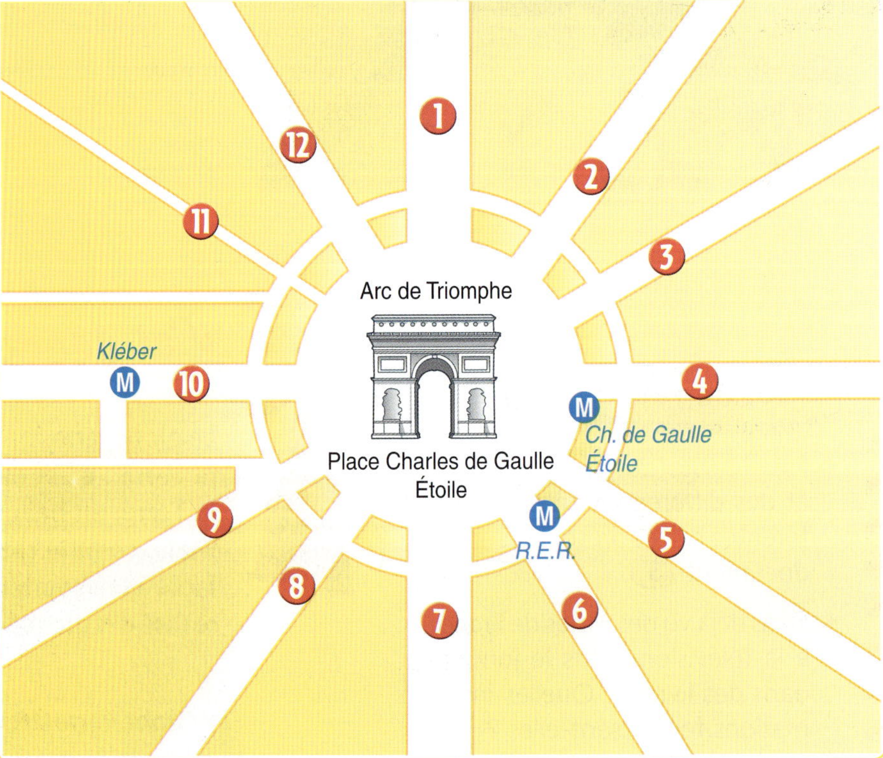

1. Avenue de la Grande-Armée
2. Avenue Carnot
3. Avenue Mac-Mahon
4. Avenue de Wagram
5. Avenue Hoche
6. Avenue de Friedland
7. Avenue des Champs-Élysées
8. Avenue Marceau
9. Avenue d'Iéna
10. Avenue Kléber
11. Avenue Victor-Hugo
12. Avenue Foch

pour trouver son chemin

...au bord de la mer, sur l'île d'Yeu

4

Une vue aérienne de l'île d'Yeu, en Vendée.

5

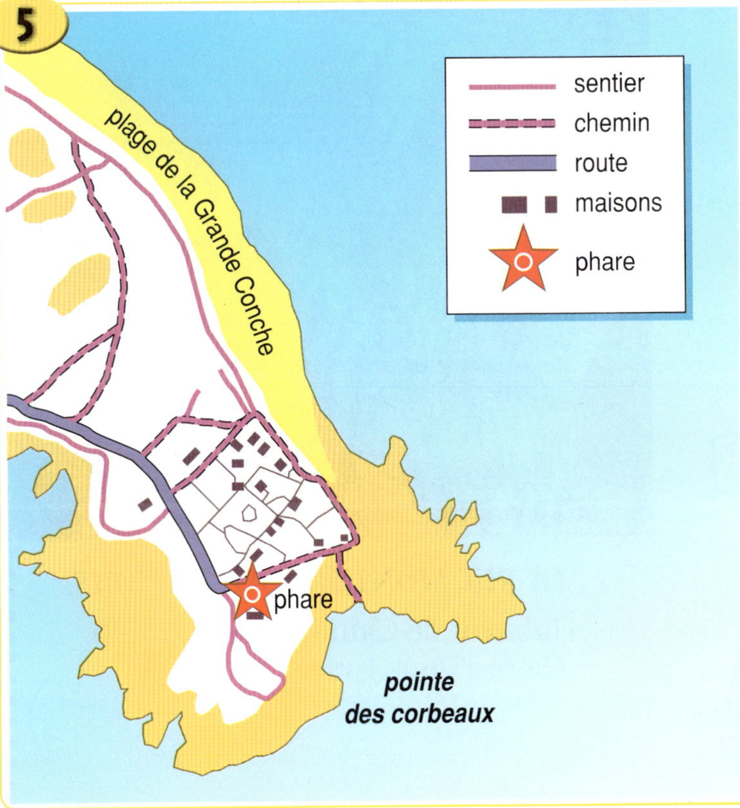

Plan de la pointe des Corbeaux.

Des circuits pour les cyclistes sont proposés :

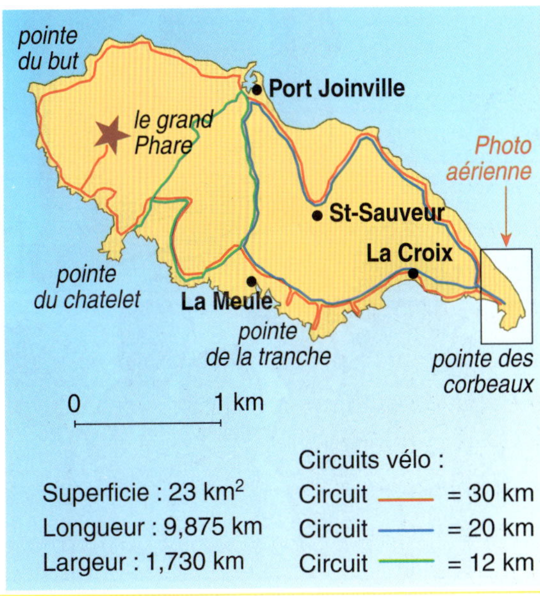

Rencontre avec des artistes

Une rue de Paris, un jour de fête

Les artistes ne cherchent pas à représenter la réalité.
Ils veulent nous donner des émotions et des images.

Paris est en fête.

Les rues sont pavoisées par des milliers de drapeaux.

Des drapeaux à toutes les fenêtres. Dans la rue, une foule immense, joyeuse.

Comment un tableau peut-il traduire tout cela ?

LA RUE MONTORGUEIL, À PARIS.

Tableau de Claude Monet (1878).

Musée d'Orsay, Paris.

Rencontre avec des artistes

Les bruits de la rue

Certaines rues sont bruyantes.
De quels bruits s'agit-il ?

Actuellement, ce sont les bruits des voitures, des camions, les sirènes des ambulances…

Le tableau ci-contre a été peint en 1911.
De quels bruits s'agit-il ?

LE BRUIT DE LA RUE PÉNÈTRE DANS LA MAISON.

Tableau d'Umberto Boccioni (1911).
Musée de Hanovre, Allemagne.

Les feux

Vert, orange, rouge,
les feux sont des fruits,
des cœurs qui scintillent,
des yeux qui s'allument
au coin de ma rue.

Rouge, vert, orange,
dans les soirs de brume,
dans les nuits de plume ;
les feux sont des songes
au bout des trottoirs.

Je m'arrête au rouge,
une rose bouge
dans l'or du matin.

Au vert je m'en vais,
je m'en vais au vert,
je m'éloigne vers
des feuilles de jade,
un ciel de salade…
Adieu la cité.
Le vert, c'est l'été.

Pierre Gamarra

Rencontre avec des artistes

Quelle joie pour les yeux

La mer

La mer brille
comme une coquille :
on a envie de la pêcher.

La mer est verte,
la mer est grise,
elle est d'azur,
elle est d'argent
et de dentelle.

Paul Fort - 1896

MARÉE BASSE À GRANDCAMP.
Tableau de Georges Seurat (1885).
Collection privée.

LA BAIE DE DOUARNENEZ.
Tableau de Eugène Boudin (1897).

Rencontre avec des artistes

Les dangers de la mer

L'ARC DE LA VAGUE AU LARGE DE KANAGAWA.

Tableau de Katsushika Hokusaï (1825). Art Japonais.

LA PLAGE DE SAINTE-ADRESSE.

Tableau de Claude Monet (1867).

Rencontre avec des artistes

Le jardin : un milieu vivant

PAYSAGE AUX ENVIRONS DE LOUVECIENNES (AUTOMNE).
Tableau de Camille Pissarro (1869-70). Paul Getty Museum, Malibu.

« Bonjour, bonjour »
dit l'hirondelle
qui revient nicher
sous mon toit,
« j'ai du printemps
au bout des ailes
et t'apporte des fleurs
nouvelles ;
je te suis fidèle, tu vois ! »
« Merci, merci » dit le poète
« de revenir auprès de moi
de l'autre bout de la planète. »
Et j'avais du bleu plein la tête
car l'hirondelle c'était toi !

Michel Beau
Jonglerimes

Le temps

Il fait jour, puis c'est la nuit

Des questions pour commencer

- D'après toi, à quel moment la photographie ci-dessous a-t-elle été prise ? Justifie ta réponse.
- Pourquoi fait-il clair le jour et sombre la nuit ?
- Que signifient les expressions « le soleil se lève », « le soleil se couche » ?

Un problème à résoudre

- Comment peut-on représenter la succession, sans cesse répétée, des jours et des nuits ?

Est-ce le jour ou est-ce la nuit ?

1 Un lever du Soleil

2

Le même paysage à deux moments de la journée.

3

À toi de répondre

- Quels changements observerait-on si l'on comparait la photographie 1 à la même photographie prise une heure plus tard ?
- À quel moment de la journée les photographies 2 et 3 ont-elles été prises ? Justifie ta réponse.

Pour les curieux

- Découpe des photographies dans des revues ou des catalogues. Classe-les en deux groupes : jour et nuit.

Comment représenter l'alternance jour-nuit ?

4 Chaque matin, le soleil apparaît dans le ciel. On dit que « le soleil se lève » : c'est le début du jour.

5 Chaque soir, le soleil disparaît à l'horizon. On dit que « le soleil se couche » : c'est le début de la nuit.

6 Une frise chronologique pour représenter l'alternance des jours et des nuits.

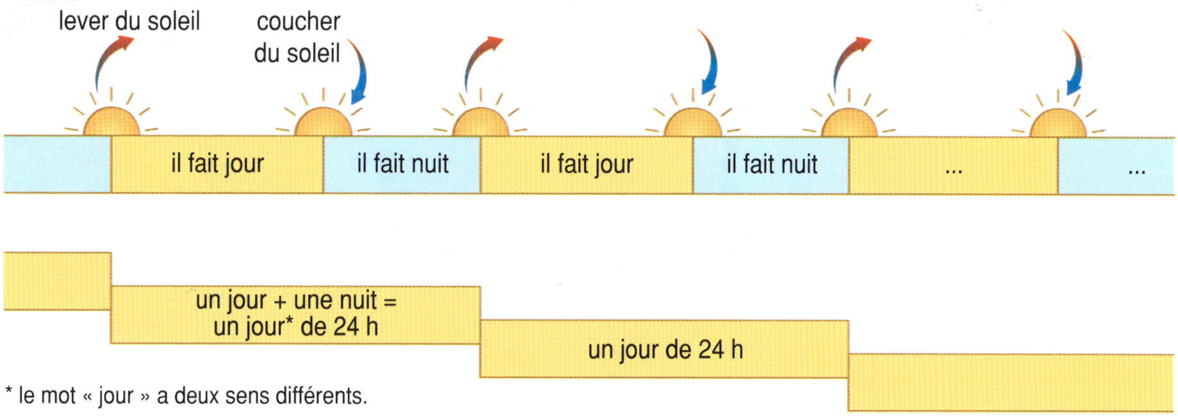

* le mot « jour » a deux sens différents.

À toi de répondre

- Quels paysages verrait-on si les photographies **4** et **5** avaient été faites une heure plus tard ?
- Propose une définition du mot « jour ».

J'ai découvert

Quand la région où tu vis est éclairée par le soleil, il fait jour et tu vois alors les maisons, les arbres et tout ce qui t'entoure. Quand cette région n'est plus éclairée, c'est la nuit. Le mot jour désigne non seulement la période où il fait clair, mais aussi la journée, composée du jour et de la nuit.

Les mots scientifiques à connaître

- **Jour** • **Nuit** • **Lumière**

Pour te repérer au cours

Des questions pour commencer

- Raconte ce que tu as fait aujourd'hui entre le moment de ton réveil et ton départ pour l'école.
- Quelles activités fais-tu à l'école ? Dans quel ordre ?
- Quelles activités feras-tu ce soir après l'école ? Dans quel ordre ?

Un problème à résoudre

- Comment représenter le déroulement d'une journée en respectant l'ordre dans lequel elle se déroule ?

Avant de partir à l'école

1

2

3

4

5

6 Alice a raconté, avec des dessins, ce qu'elle a fait ce matin avant d'aller à l'école.

Pour les curieux

- « La nuit porte conseil » ; « La nuit tous les chats sont gris » ; « C'est le jour et la nuit ».
- Cherche d'autres expressions ou proverbes contenant les mots jour et nuit.

Se repérer dans le temps

7 **Des repères au cours de la journée.**

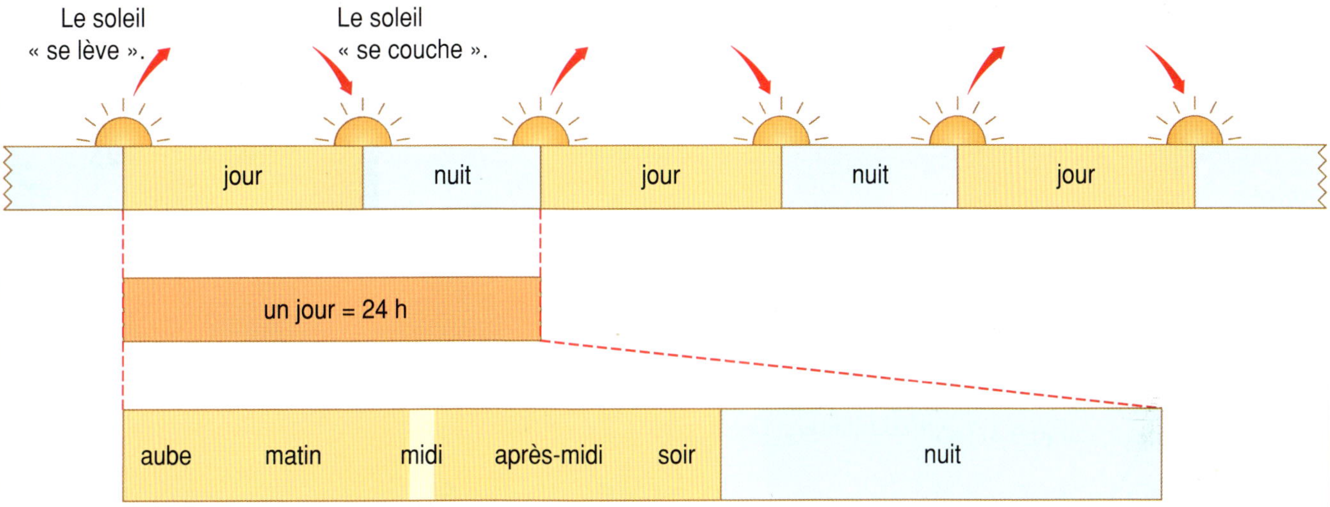

La longueur du jour varie au cours de l'année.
Mais quel que soit le jour de l'année,

jour + nuit = 24 heures.

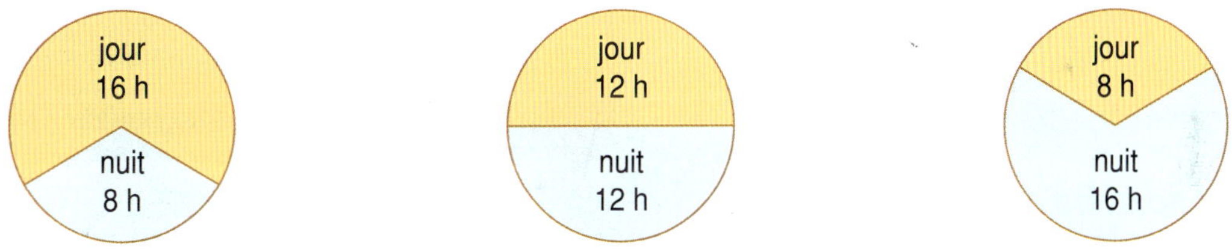

jour plus long que la nuit (21 juin) — durée du jour égale à la durée de la nuit (21 septembre - 21 mars) — jour plus court que la nuit (21 décembre)

A toi de répondre

- Que représente chacune des photographies ? Dans quel ordre les placerais-tu ?
- Associe chaque photographie à un dessin d'Alice (doc **6**).
- L'ordre des dessins d'Alice correspond-il à ce que tu fais avant d'aller à l'école ?
- Fais la liste de toutes les activités que tu fais au cours d'une journée. Où les placerais-tu sur le doc **7** ?

J'ai découvert

Au cours d'une journée, ta vie est rythmée par une série d'événements (se lever, manger, jouer,…) qui peuvent être pris comme points de repère.
Une journée se compose du jour (avec un matin, un après-midi, un soir) et de la nuit.
On peut représenter une journée de plusieurs façons différentes (en ligne, en cercle…).

Les mots scientifiques à connaître

• **Journée** • **Jour** • **Nuit** • **Matin** • **Après-midi** • **Soir**

Des instruments pour

Des questions pour commencer

- Précise ce que signifie l'expression « mesurer le temps » dans les deux situations suivantes :
  - mesurer le temps mis par cet enfant pour faire le tour du stade ;

  - respecter la recette pour faire cuire du riz pendant 12 minutes dans l'eau bouillante.
- Quelle heure est-il ? Je ne sais pas, répond le minuteur, car je n'ai pas d'aiguilles.

Un problème à résoudre

- Il existe de nombreux instruments à mesurer le temps. Dans quelles situations les utilise-t-on ?

1 **Un minuteur** ne donne pas l'heure mais la durée. Il sonne 1, 2, 5, 10… minutes après sa mise en marche.

2 **Un radio-réveil** ne se contente pas d'indiquer l'heure. Il sonne ou met la radio en marche à l'heure que tu lui as indiquée pour te réveiller.

3 **Un chronomètre** ne donne pas l'heure. Il indique la durée mise par le coureur pour réaliser sa course.

4 **Cette horloge à eau** ou clepsydre est celle d'un pharaon égyptien vivant il y a 3 400 ans. Le vase est percé, dans sa partie inférieure, d'un trou par lequel l'eau s'écoule. Des traits de graduation sont tracés à l'intérieur : ils permettent de « lire l'heure ».

Pour les curieux

- Et si tu construisais une clepsydre avec une grande boîte métallique ?

5 **Le sablier** est un instrument encore utilisé actuellement. Il indique une durée : par exemple, il faut trois minutes pour que tout le sable tombe d'un compartiment dans l'autre.

6 **Une horloge solaire** permet de connaître l'heure qu'il est à l'aide de l'ombre de l'aiguille projetée sur le cadran solaire. Quand il y a du soleil…

A toi de répondre

- À quoi sert chacun de ces instruments de mesure du temps ? Propose des situations au cours desquelles tu les utiliserais.
- Qu'indique l'horloge à eau ? Te semble-t-elle aussi précise qu'un instrument de mesure actuel ?

J'ai découvert

Il existe deux catégories d'instruments de mesure du temps : ceux qui, comme le minuteur, fournissent une durée et ceux qui, comme le réveil, indiquent une heure précise.

Les mots scientifiques à connaître

Minuteur • Chronomètre • Réveil • Sablier • Heure • Durée

Des premières horloges

Des questions pour commencer

- Fanny doit aller à la séance de cirque à 15 heures. Qu'est-ce qui lui sera le plus utile, une montre ou un chronomètre ?
- À quoi voit-on qu'une montre « fonctionne » ?

Un problème à résoudre

- Apprendre à utiliser un appareil qui donne l'heure.

De l'horloge à balancier à la montre

Les premières horloges existent depuis plus de 1 000 ans. Elles ont été perfectionnées depuis. Par contre, les montres sont beaucoup plus récentes.

1 **Une horloge à balancier** donne l'heure par ses deux aiguilles, comme une montre actuelle. Le mécanisme de cette horloge à poids et à balancier n'a rien de commun avec une horloge solaire.

2

Les montres à quartz cachent un mécanisme très complexe. Elles donnent l'heure avec une très grande précision.

Heure, minute, seconde

3 La montre de Fanny.

Sur cette montre, il y a deux aiguilles :
– la petite aiguille rouge indique l'heure ;
– la grande aiguille bleue indique les minutes.

La particularité de cette montre est de posséder deux cadrans :
– celui des heures écrites en rouge ;
– celui des minutes en noir.

La petite aiguille rouge avance lentement.
Elle fait le tour du cadran en 12 heures (donc deux fois en une journée).

La grande aiguille bleue fait le tour du cadran en une heure.

4 Attention ! Dans les trois cas, il est 2 heures.

J'ai découvert

Parmi les appareils à mesurer le temps, certains donnent l'heure. Parmi ceux-ci, les horloges et les montres sont les plus courants. Le temps est découpé en heures, minutes et secondes. Il y a 24 heures dans une journée, 60 minutes dans une heure, 60 secondes dans une minute.

Les mots scientifiques à connaître
- **Heure**
- **Minute**
- **Seconde**

Lundi, mardi, mercredi...

Des questions pour commencer

- Connais-tu le nom des jours de la semaine ?
- Combien de jours y a-t-il dans la semaine ?
- On parle de « la semaine ». N'y en a-t-il qu'une ?

Un problème à résoudre

- Qu'est-ce qu'une semaine ? Combien de semaines faut-il pour faire un mois ?

Manon a passé une très bonne semaine

1 Manon est partie en classe d'environnement. Elle écrit cette lettre à ses parents.

Jeudi 19 juin 2008

Cher papa, chère maman, mon cher petit Tom,

Ici tout va bien. Quand je suis arrivée lundi, j'étais un peu triste sans vous et puis j'étais fatiguée par le voyage. Mais, depuis ça va mieux car je me suis fait des super copines.

Nous sommes à la campagne et il fait très beau.

Mardi, nous sommes allés visiter une ferme où l'on fabrique du fromage de chèvre, c'est drôlement bon ! Mercredi, c'était le jour des poneys.

Aujourd'hui, nous avons fait un peu d'école et ce soir nous vous écrivons.

Demain, nous partirons en excursion visiter un château fort.

Samedi, c'est le départ et je serai bien contente de vous retrouver.

Quelle semaine !

Je vous embrasse très, très fort.

Manon, votre grande fille.

2 Manon a illustré sa lettre mais les dessins sont-ils dans le bon ordre ?

À toi de répondre

- Pour chaque jour, indique l'activité réalisée par Manon.
- Associe chaque dessin du doc **2** au jour qui lui correspond.
- Quand Manon écrit « aujourd'hui » de quel jour s'agit-il ? Et « la veille » ? Et « le lendemain » ?

Pour les curieux

- Connais-tu des comptines qui disent le nom des jours ?

Les semaines se suivent

3 **Une semaine = 7 jours de 24 heures chacun**

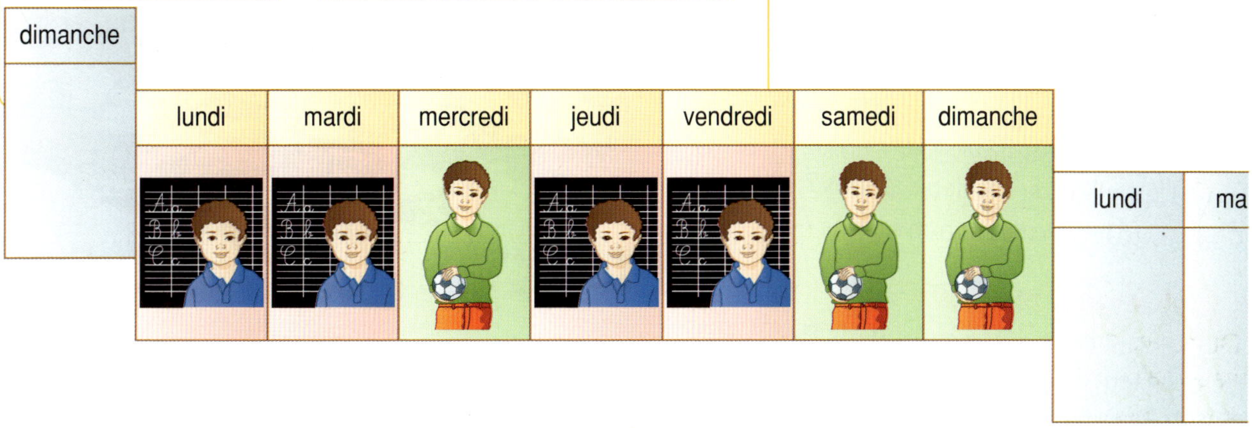

4 **JUIN 2008**

lundi	mardi	mercredi	jeudi	vendredi	samedi	dimanche
26	27	28	29	30	31	1
2	3	4	5	6	7	8
9	10	11	12	13	14	15
16	17	18	19	20	21	22
23	24	25	26	27	28	29
30	1	2	3	4	5	6

Un mois = 4 semaines + quelques jours

À toi de répondre

- Retrouve sur le calendrier (doc 4) :
  - le jour où Manon a écrit sa lettre ;
  - la semaine précédente où elle a eu une angine ;
  - la semaine suivante qu'elle attend avec impatience pour recevoir le cadeau de ses grands-parents ;
  - le nombre de semaines complètes qui composent le mois de juin.

J'ai découvert

La semaine est composée de 7 jours qui se suivent et portent chacun un nom (lundi, mardi, mercredi, jeudi, vendredi, samedi, dimanche).
Dans chaque semaine, on retrouve les mêmes noms de jours et dans le même ordre, mais le temps qui s'écoule ne se répète pas.

Les mots scientifiques à connaître

Semaine • Mois • Veille • Lendemain

Les saisons rythment la vie

Des questions pour commencer

- À quel moment de l'année a-t-on fait cette photographie ?

- L'hiver, l'été sont deux périodes de l'année. Quelle photographie choisirais-tu pour illustrer ces deux saisons ?
- Connais-tu le nom des quatre saisons ?

Un problème à résoudre

- Les saisons sont des repères dans le déroulement d'une année. Pour chaque saison, quelle activité des hommes te paraît la plus importante ?

1

2

3

4

5

de la nature et des hommes

Pour les curieux

- À chaque saison photographie les arres de la cour.

6 7

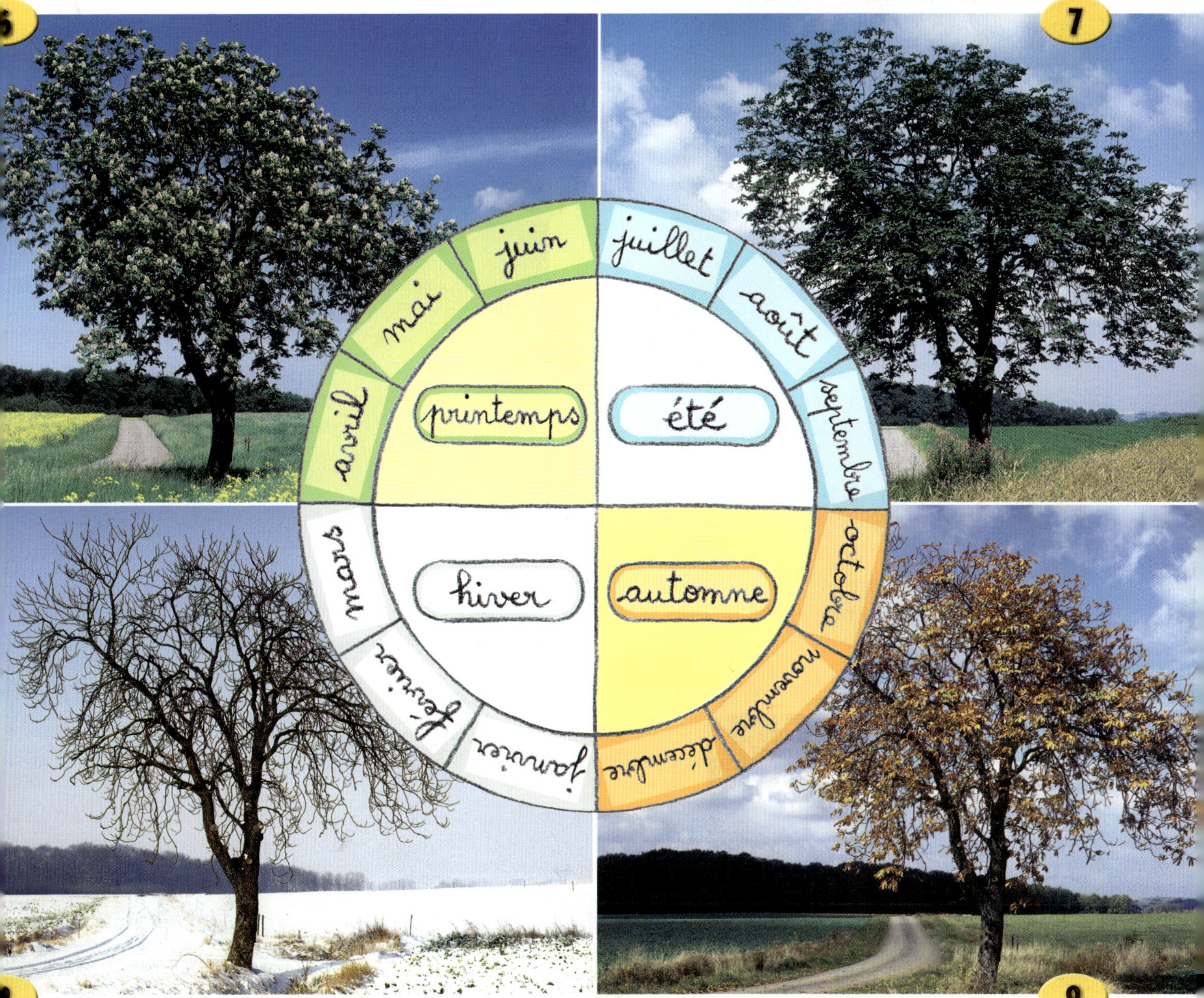

8 9

A toi de répondre

- Cite les quatre saisons dans l'ordre de leur déroulement.
- En quelle saison a-t-on fait chacune des photographies 1 à 5 ?
- Cite un mois d'hiver, un mois d'été.
- Qu'est-ce qui explique les changements de la nature et des activités humaines au cours des saisons ?
- À quelle date débute le printemps ; et l'automne ?

J'ai découvert

L'année comprend 12 mois et 4 saisons. Les saisons correspondent à des périodes longues de trois mois et qui débutent à des dates précises. Les variations de température qui accompagnent les différentes saisons expliquent les changements d'aspect de la nature et les modifications dans les activités humaines.

Les mots scientifiques à connaître

- **Mois** • **Saison** • **Hiver** • **Printemps** • **Été** • **Automne**

Une année : 365 jours,

Des questions pour commencer

- Un étrange calendrier ! Pour l'utiliser, il faut retirer chaque jour une page de ce bloc qui en avait 365 au départ. Pourquoi 365 ?
- Explique ce qu'est un jour férié.
- Quand tu veux connaître la date des vacances ou quel jour de la semaine tombe ton anniversaire, quel document consultes-tu ?

Un problème à résoudre

- Faire l'inventaire de toutes les informations fournies par un calendrier.

Des jours pas comme les autres

1

14 juillet FÊTE NATIONALE

11 novembre ARMISTICE

1er mai FÊTE DU TRAVAIL

25 décembre NOËL

2

3

4

En France, nous avons dans l'année deux types de fêtes qui sont des jours fériés, c'est-à-dire des jours où on ne travaille pas :

- les fêtes civiles comme le 11 novembre,
- les fêtes religieuses (en relation avec la religion chrétienne) comme Noël.

Les informations d'un calendrier

5

Mois de l'année →

M 4 CHARLES
= mercredi 4 novembre fête de Charles.

M 11 ARMISTICE 1918
= mercredi 11 novembre fin de la Première Guerre mondiale.

NOVEMBRE Les jours diminuent de 1 h 18		
D	1	TOUSSAINT
L	2	Défunts
M	3	St Hubert
M	4	St Charles
J	5	Ste Sylvie
V	6	Ste Bertille
S	7	Ste Carine
D	8	St Geoffroy
L	9	St Théodore
M	10	St Léon
M	11	ARMISTICE 1918
J	12	St Christian
V	13	St Brice
S	14	St Sidoine
D	15	St Albert
L	16	Ste Marguerite
M	17	Ste Élisabeth
M	18	Ste Aude
J	19	St Tanguy
V	20	St Edmond
S	21	Prés. Marie
D	22	Christ Roi
L	23	St Clément
M	24	Ste Flora
M	25	Ste Catherine
J	26	Ste Delphine
V	27	St Séverin
S	28	St Jacq. de la Marche
D	29	Avent
L	30	St André

HIVER : 21 DÉCEMBRE

DÉCEMBRE Les jours diminuent de 0 h 14		
M	1	Ste Florence
M	2	Ste Viviane
J	3	St Xavier
V	4	Ste Barbara
S	5	St Gérald
D	6	St Nicolas
L	7	St Ambroise
M	8	Imm. Conception
M	9	St Pierre Fourier
J	10	St Romaric
V	11	St Daniel
S	12	Ste Jeanne F.C.
D	13	Ste Lucie
L	14	Ste Odile
M	15	Ste Ninon
M	16	Ste Alice
J	17	St Tessa
V	18	St Gatien
S	19	St Urbain
D	20	St Abraham
L	21	HIVER
M	22	Ste Françoise-Xavière
M	23	St Armand
J	24	Ste Adèle
V	25	NOËL
S	26	St Étienne
D	27	Str Famille
L	28	Saints Innocents
M	29	St David
M	30	St Roger
J	31	St Sylvestre

V 4 BARBARA
= vendredi 4 décembre fête de Barbara.

L 21 HIVER
= lundi 21 décembre 1er jour de l'hiver.

V 25 NOËL
= vendredi 25 décembre fête de Noël.

À toi de répondre

- Pourquoi un éphéméride a-t-il 365 pages ?
- Que représentent les photographies (1) à (4) ? Attribue une étiquette à chacune d'elles.
- Qu'est-ce qu'un jour férié ? Comment est-il indiqué sur le calendrier ?

J'ai découvert

Un calendrier donne un très grand nombre d'informations sur les jours, les semaines, les douze mois de l'année, les saisons, les fêtes civiles et religieuses, le prénom du jour…

Les mots scientifiques à connaître
- **Calendrier**
- **Nom des mois de l'année**
- **Jour férié**

Qu'est-ce qu'une famille ?

Des questions pour commencer

- Qu'est-ce qu'une famille ? Ton frère ou ta sœur fait-il partie de ta famille ?
- Vrai ou faux ? Ton grand-père est le père de ton père ?
- Qui est le plus âgé : le père ou le grand-père ?

Un problème à résoudre

- Préciser les liens de parenté dans une famille et la représenter « en remontant le temps ».

La famille d'Henri, il y a 100 ans

La photographie ci-dessous, prise il y a un siècle, présente la famille de Henri, un garçon de 10 ans.

Chacun a voulu être photographié avec son outil de travail.

1

1. Henri, 10 ans, **écolier**, tient dans sa main le livre offert par la commune pour le récompenser de ses bons résultats scolaires.
2. Son grand frère, qui porte les outils d'un **charron** (hache, tablier de cuir pour protéger ses vêtements), travaille avec son père.
3. Son père exerce le métier de charron.
4. Sa mère, **couturière**, présente ses ciseaux et un vêtement en cours de fabrication. Elle porte une coiffe (hors de leur maison, les femmes ont toujours la tête couverte).
5. Son grand-père, le père de sa mère.

Pour les curieux

- Et si toi aussi tu faisais ton arbre généalogique !

Les générations se succèdent

2 **Présentation des liens de parenté dans la famille d'Henri.**

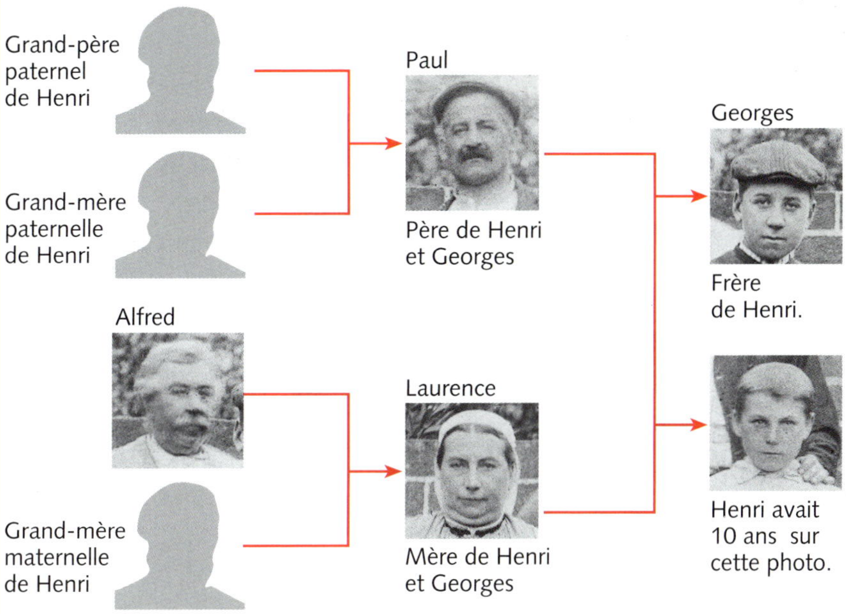

3

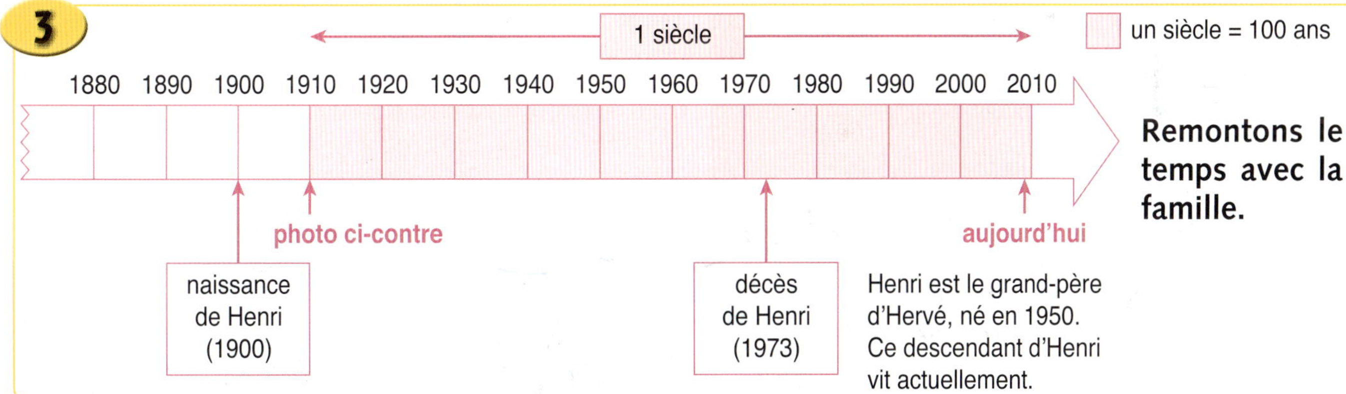

Remontons le temps avec la famille.

À toi de répondre

- Retrouve les différents membres de la famille (doc **1**) et précise le métier de chacun.
- Sur la frise du temps (doc **3**), retrouve la durée d'un siècle.
- Combien y a-t-il de générations entre Hervé et le grand-père d'Henri ?

J'ai découvert

Une famille est composée de personnes d'âges différents qui ont entre elles des liens de parenté. La famille peut être représentée par un dessin qu'on appelle un arbre généalogique.

Les mots à connaître

Parents • **Enfants** • **Grands-parents** • **Génération** • **Siècle**

Qu'est-ce qu'un

Des questions pour commencer

- Que désignent les mots : Napoléon, Louis XIV, de Gaulle ?
- Peux-tu citer le nom d'un personnage historique ?

L'appel du 18 juin 1940

Un problème à résoudre

- Qu'est-ce qu'un personnage historique ?

1 Charles de Gaulle.

Le général Charles de Gaulle a eu un rôle très important pendant la Deuxième Guerre mondiale. Il a refusé l'occupation de la France et est parti à Londres rejoindre les Anglais pour continuer le combat. C'est lui qui a organisé la résistance des Français.

Il a été président de la République française de 1959 à 1969.

2 Louis XIV.

Louis XIV, né en 1638, a été roi de France pendant très longtemps (54 ans). Il était un roi très autoritaire.

Il a fait construire, à Versailles, un magnifique château où il a vécu entouré de sa cour.
À la fin de sa vie, les guerres qu'il a perdues ont ruiné le pays.

personnage historique ?

Pour les curieux

- Cherche dans tes livres le nom d'un roi, d'un savant, d'un artiste du passé.

3 Jeanne d'Arc.

Jeanne d'Arc vivait à une époque où les Français et les Anglais étaient en guerre. Cette jeune bergère affirma avoir entendu des voix lui demandant de chasser les Anglais.

Le roi Charles VII crut à son message et lui donna une armée avec laquelle elle délivra la ville d'Orléans en 1429 et, progressivement, repoussa les armées anglaises.

4 Jules Ferry.

Ministre de l'Instruction publique, Jules Ferry a permis, pour la première fois en 1881, que les enfants aillent gratuitement à l'école jusqu'à l'âge de 13 ans.

5 Marie Curie.

Elle était un savant. En 1910, elle a découvert le radium, qui permet de faire des radiographies. Elle est la seule personne à avoir reçu deux fois la plus haute distinction des savants : le prix Nobel de Physique.

Elle est enterrée au Panthéon, à Paris.

À toi de répondre

- Parmi ces personnages, quels sont ceux qui ont gouverné la France ?
- Connais-tu d'autres personnages historiques de ta ville ou de ta région ?

J'ai découvert

Les personnages historiques ont vécu dans le passé, c'est-à-dire dans l'histoire.
Par leurs actions, ces personnages (chefs de gouvernement, savants, écrivains, artistes…) ont modifié la vie des hommes de leur époque, et aussi la nôtre. Ils ont laissé des traces de leur existence et l'histoire en conserve la mémoire.

Les mots à connaître

- **Histoire**
- **Personnage historique**

Des repères dans

Des questions pour commencer

- Quels événements de ta vie passée peuvent te servir de repères dans le temps ?
- Quels repères utilises-tu pour te situer dans une année ?

Un problème à résoudre

- Construire une frise historique en mettant en place des repères significatifs.

1 **Des repères dans l'Histoire de France.**

Ces personnages historiques ont vécu à des périodes plus ou moins éloignées de la nôtre.

2 **Vercingétorix**

Né vers 72 avant Jésus-Christ, Vercingétorix était le chef des tribus gauloises. Elles s'étaient unies pour lutter contre l'empire romain. Le chef des Romains, Jules César, assiégea les Gaulois à Alésia pendant plusieurs mois.
La défaite gauloise entraîna l'assassinat de Vercingétorix et l'intégration des provinces gauloises dans l'empire romain.

3 **Hugues Capet.**

Pendant 350 ans, les rois de France qui se sont succédé provenaient tous de la même « famille », celle d'Hugues Capet. Par son action, celui-ci a assuré la continuité des rois de France et renforcé leur pouvoir.

4

François 1er.

Roi de France de 1515 à 1547, François 1er fit construire le château de Chambord en s'inspirant de la Renaissance italienne.

l'histoire de France

Pour les curieux

- Trouve d'autres rois ou présidents de la République, et place-les sur la frise.

5 Une frise historique.

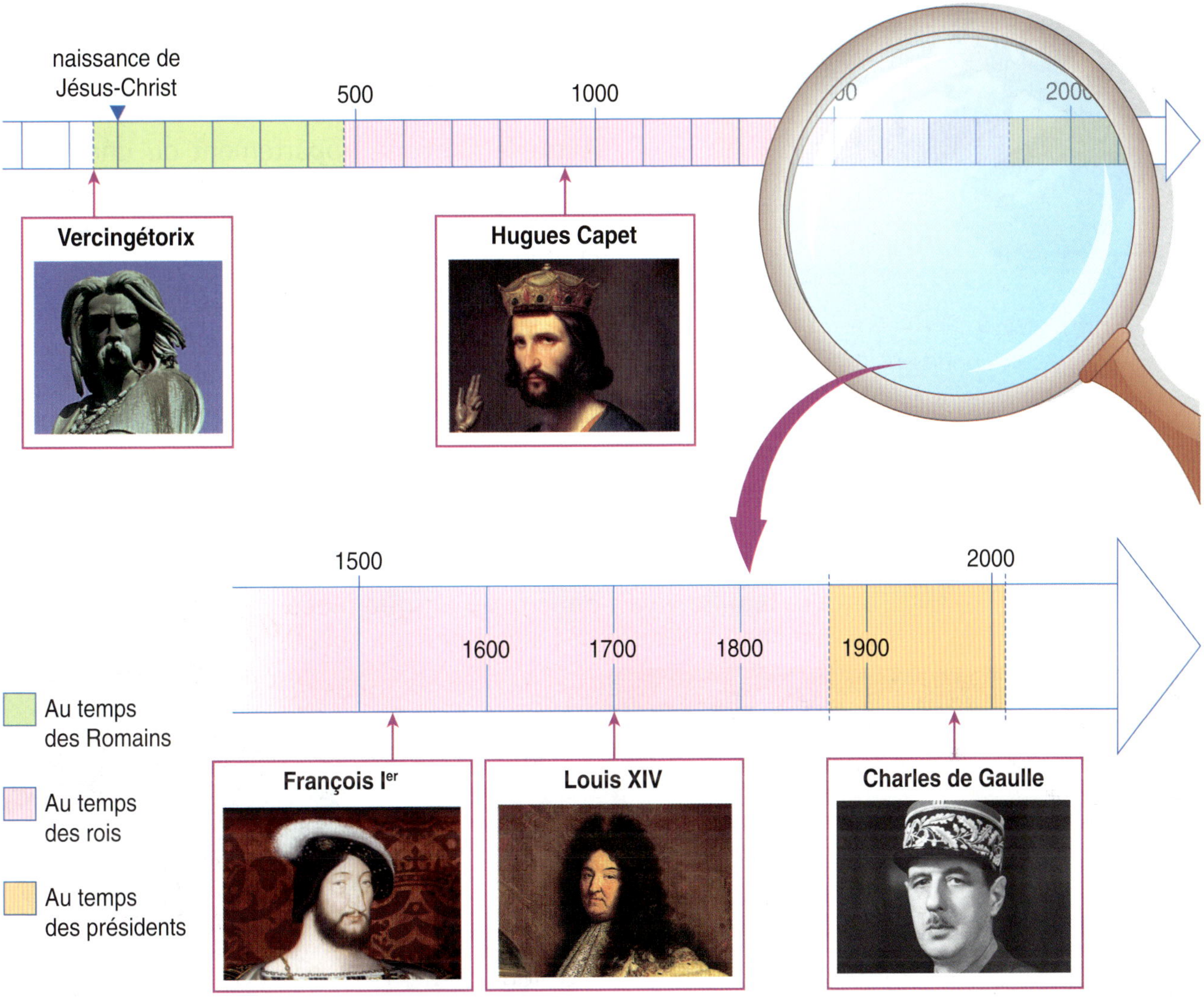

J'ai découvert

Le déroulement d'une année est marqué par certains repères : la rentrée scolaire, Noël… On sait les situer les uns par rapport aux autres.
C'est pareil en Histoire. Une frise chronologique permet de situer, les uns par rapport aux autres, quelques grands personnages de l'Histoire de France afin qu'ils servent de repères.

Les mots à connaître

Repères · Histoire · Frise historique

A toi de répondre

- Les quatre personnages du doc 1 sont-ils présentés dans l'ordre chronologique ?
- Trouve dans les doc 2, 3, 4, 5 les indices qui te permettent de l'affirmer.

Autrefois, une « pièce »

Des questions pour commencer

- Qu'est-ce qu'un appartement ?
- Un appartement présente-t-il plusieurs pièces ? Lesquelles ?
- À quoi sert chacune d'elles ?

Un problème à résoudre

- Comparer les conditions de vie dans une pièce unique et dans un appartement (avantages et inconvénients).

Une reconstitution d'habitation ancienne

Actuellement, un appartement ou une maison comportent plusieurs pièces : la salle de séjour, la cuisine, les chambres, la salle de bains, les toilettes.

Autrefois, de nombreuses familles vivaient dans une « pièce unique », qui était à la fois salle de séjour, cuisine, chambre…

1 **Toute la famille vivait dans cette unique pièce :** reconstitution dans un Musée de l'artisanat (Tigy, Loiret).

unique pour toute la famille

Pour les curieux

- Des proverbes et des expressions : avoir plusieurs fers au feu, qu'est-ce que cela veut dire ?

2 Les objets nous renseignent sur la vie d'autrefois.
Les fers à repasser ont des choses à nous dire.

Le témoignage de Marie en 1900

« J'ai connu ces fers en fonte. On les faisait chauffer au coin du fourneau. On prenait un linge qu'on enroulait autour de la poignée pour ne pas se brûler. Il fallait plusieurs engins comme celui-là car ils refroidissaient vite ! C'était du sport, car tu n'avais pas droit à l'erreur. »

1. Le lit à rideaux des parents.
2. Le berceau du plus jeune enfant.
3. Les enfants dorment dans la même pièce que les parents.
4. La cheminée a deux fonctions : elle chauffe la pièce et l'on y fait cuire les aliments.
5. La marmite dans laquelle on prépare la soupe.
6. La crémaillère permet de suspendre la marmite plus ou moins haut, donc de régler la température de cuisson.
7. Le mobilier se compose d'une table, de bancs, de chaises, d'un vaisselier, d'un coffre pour le linge.

À toi de répondre

- Combien y avait-il de pièces dans cette maison d'autrefois ?
- Compare cette habitation à la tienne (ressemblances et différences).
- Lequel de ces fers à repasser est utilisé aujourd'hui ? Range-les du plus ancien au plus récent.
- Pour chacun des fers à repasser, cherche ce qui les fait chauffer.

J'ai découvert

Les objets, les meubles, les modes de vie… ont évolué au cours du temps.
Les photographies, les reconstitutions, les objets anciens, les témoignages nous permettent d'imaginer la vie des personnes qui vivaient autrefois : c'est cela l'histoire.

Les mots à connaître
- **Histoire** • **Évolution** • **Témoignage**

Des métiers d'autrefois

Des questions pour commencer

- Où achète-t-on habituellement des chaussures ? Où sont-elles fabriquées ?
- Pose-toi ces mêmes questions pour des vêtements, des meubles, un lave-linge…
- Connais-tu des métiers qui ont disparu ?

Un problème à résoudre

- L'évolution des métiers est-elle liée aux progrès techniques et à l'évolution des modes de vie ?

Le sabotier

1 **Autrefois, dans les campagnes,** tout le monde, ou presque, avait des sabots, adultes comme enfants.

En effet, le bois de la forêt n'était pas cher et les sabots résistaient bien à la boue des chemins et des champs. Les gens riches ou les gens de la ville avaient des chaussures en cuir.

2 **Cette carte postale porte un cachet de l'année 1900.**

Chez le sabotier, toute la famille participait à la fabrication des sabots.

À gauche, l'ouvrier dégrossit à la hache le morceau de bois qui deviendra un sabot.

Le patron, à droite, façonne un sabot. Assise à côté de sa fille, sa femme noircit un sabot.

Son fils, assis par terre, en fait briller un autre. Il deviendra probablement sabotier à son tour.

Pour les curieux

- Blanchisseuse, charron, livreur de pain de glace, sont des métiers disparus. Cherche des renseignements sur eux.

Le maréchal-ferrant

3 **Dans les fermes,** les chevaux de trait étaient des animaux utilisés dès qu'il fallait tirer : tirer la charrue, les charrettes, les tombereaux, les divers engins agricoles…

Depuis une soixantaine d'années, ils ont été remplacés par des tracteurs. En conséquence, les maréchaux-ferrants des villages ont disparu.

4

Sur cette photographie, le maréchal-ferrant se prépare à clouer un fer à cheval sous les sabots de l'animal, pour le protéger.

A toi de répondre

- Ces photographies sont de la même époque. Quel est l'indice qui te permet de les dater ?
- Décris chacun des métiers présentés. Lesquels sont pénibles ou dangereux ?
- Parmi ces métiers, lesquels ont disparu ? Pourquoi ? Lequel subsiste, bien que rare ?

J'ai découvert

Autrefois, il existait des métiers qui ont aujourd'hui disparu : sabotier ou blanchisseuse par exemple. L'usage des machines les a fait disparaître. Certains métiers sont devenus rares : celui de maréchal-ferrant par exemple.

Les mots à connaître

- **Sabotier** • **Maréchal-ferrant** • **Blanchisseuse**

L'école de vos grands-

Des questions pour commencer

- As-tu déjà questionné tes grands-parents sur leur école ?
- Demande-leur de t'expliquer ce qui était différent de l'école actuelle.
- Filles et garçons étaient-ils dans la même école ?

Un problème à résoudre

- Quelles ressemblances et quelles différences existe-t-il entre les écoles d'il y a 50 ans et celles d'aujourd'hui ?

1 **Les blouses grises :** la tenue des écoliers.

2 **Les élèves,** groupés par deux, sont installés sur des tables de bois présentant un casier pour ranger cahiers, livres et autres objets.

Des outils que tu n'utilises plus.

Écrire à l'encre avec une plume « sergent-major » a laissé un mauvais souvenir chez beaucoup d'élèves d'autrefois. Il fallait tremper la plume dans le petit encrier en forme de pot de fleur encastré dans le bureau. Et gare aux taches d'encre.

parents, il y a cinquante ans

Pour les curieux

- Demande à tes grands-parents s'ils possèdent encore des objets qu'ils utilisaient dans leur classe. Rapporte-les à l'école pour en faire un musée de classe.

3 **La classe d'autrefois** était divisée en deux parties distinctes, à deux niveaux différents.

4 **Quelques outils** de l'écolier d'autrefois.

5

Des jeux très animés.

À toi de répondre

- Parmi tous les « outils » de l'écolier, quels sont ceux qui ne sont plus utilisés aujourd'hui ? Quels sont ceux qui existent encore ?
- Ta classe est-elle disposée comme celle du doc **3** (estrade, bureau du maître,…) ?
- Compare les tables de ta classe à celles d'autrefois.
- Ta cour de récréation ressemble-t-elle à celle du doc **5** ?

J'ai découvert

Pour connaître la vie des écoliers d'autrefois, on a recours aux photographies, aux textes écrits, aux objets souvent conservés dans des musées, aux témoignages des grands-parents…

Les mots à connaître

- **Estrade** • **Porte-plume** • **Encrier**

Rencontre avec des artistes

Quand le temps passe, on dit qu'il s'écoule.
Mais on ne peut ni le toucher ni le voir.
Comment les artistes ont-ils donné l'idée
du temps qui passe ?

LES QUATRE ÂGES DE LA VIE.

Tableau d'Alexis Grimou (XVIIIe siècle).
Musée des Beaux-Arts, Bordeaux.

LE PARADOXE DU TEMPS.

Accumulation de réveils par le sculpteur Arman.

Rencontre avec des poètes

Le temps qui passe

Chanson des escargots qui vont à l'enterrement

À l'enterrement d'une feuille morte
Deux escargots s'en vont
Ils ont la coquille noire
Du crêpe autour des cornes
Ils s'en vont dans le soir
Un très beau soir d'automne
Hélas quand ils arrivent
C'est déjà le printemps.

Les feuilles qui étaient mortes
Sont toutes ressuscitées
Et les deux escargots
Sont très désappointés
Mais voilà le soleil
Le soleil qui leur dit
Prenez, prenez la peine
La peine de vous asseoir
Prenez un verre de bière
Si le cœur vous en dit.

Prenez si ça vous plaît
L'autocar pour Paris
Il partira ce soir
Vous verrez du pays
Mais ne prenez pas le deuil
C'est moi qui vous le dis
Ça noircit le blanc de l'œil
Et puis ça enlaidit
Les histoires de cercueils
C'est triste et pas joli
Reprenez vos couleurs
Les couleurs de la vie
Alors toutes les bêtes
Les arbres et les plantes
Se mettent à chanter

À chanter à tue-tête
La vraie chanson vivante
La chanson de l'été

Et tout le monde de boire
Tout le monde de trinquer
C'est un très joli soir
Un joli soir d'été
Et les deux escargots
S'en retournent chez eux
Ils s'en vont très émus
Ils s'en vont très heureux
Comme ils ont beaucoup bu
Ils titubent un petit peu
Mais là-haut dans le ciel
La lune veille sur eux.

Jacques Prévert - Recueilli dans *Paroles*

Les écoliers

Pour terminer notre découverte du monde...

Voici le dernier document de
« La découverte du monde »,
un document pas comme les autres :
un simple signe amical
à tous les écoliers
du monde.

du monde

Les mots à connaître

RÉFÉRENCES DES POÈMES

p. 26 : © Pierre Menanteau : Droits réservés
© Fondation Maurice Carême *Le moineau* extrait de « À cloche-pied »
© Pierre Gamarra : *Les hérissons* et *Les écureuils*
p. 27 : © Pierre Coran – SABAM Belgium 2008
© Fondation Maurice Carême *Mon petit chat* extrait de « La Lanterne magique » et *Le chat et le soleil* extrait de « L'Arlequin »
p. 44 : © Pierre Gamarra : *Le cerf*
© Robert Clausard : Droits réservés
© Frédéric Kiesel *La chauve-souris*. Marie-Thérèse Kiesel
p. 45 : © Robert Fabbri *Arboiseaux*, extrait de « L'Enfant et la poésie », Le Cherche Midi Éditeur
© Claude Roy *L'oiseau voyou*, « Enfantasques » Éditions Gallimard
© Armand Bernier *L'ami des arbres et des oiseaux* : by Claudine Bernier, 131, avenue Jupiter, Bte 8 – 1190 – Bruxelles
p. 46 : © Henriette Ammeux-Roubino *Rencontre avec le printemps*. Droits réservés
p. 47 : © Théophile Gautier, extrait de *Premier sourire du printemps*. Droits réservés
© Thérèse Boudet *Perce-neige*. Droits réservés
© Samivel, *Automne*, extrait de « Goupil ». Éditions Hoëbeke, Paris, 2009
p. 48 : © Maurice Genevoix *Un jour*. Éditions du Seuil, 1976, collection Points 1980
© Pierre Gamarra *Pépin de pomme*
p. 78 : © Jacques Prévert *Chanson pour les enfants l'hiver*, recueilli dans « Histoires », Éditions Gallimard
p. 79 : © Guy-Charles Cros, « Mes belles poésies », Éditions Istra
© Comptine *Il pleut des grêlons*. Droits réservés
© Fondation Maurice Carême *Le Nuage*, extrait de « Petites légendes »
p. 107 : © Pierre Gamarra : *Les feux*
p. 108 : © Paul Fort *La mer*. « Ballade française », Éditions Flammarion
p. 110 : © Michel Beau « Jonglerimes », Éditions Nathan
p. 139 : © Jacques Prévert *Chanson des escargots qui vont à l'enterrement*, recueilli dans « Paroles », Éditions Gallimard

RÉFÉRENCES PHOTOGRAPHIQUES

Couverture : Daniel Pangbourne/GETTY IMAGES/T
p. 5 : *ht* Ph. © Sylva Villerot/REA
p. 7 : Ph. © Eric Ferry et Bruno Oertel/BIOSPHOTO/T
p. 8 : *ht* Ph. © Dennis Johnson, Papilio/CORBIS
p. 8 : *m* Ph. © Duncan Usher/ardea.com
p. 9 : *ht* Ph. © S. Blayac/COLIBRI/T
p. 9 : *bas* Ph. © Anne et Jacques SIX/T
p. 10 : *ht g* Ph. © Anne et Jacques SIX
p. 10 : *ht d* Ph. © Rouxaime/Jacana/EYEDEA
p. 10 : *bas g* Ph. © Sylvain Cordier/Jacana/EYEDEA
p. 10 : *bas d* Ph. © Hans Silvester/Rapho/EYEDEA
p. 11 : *ht g* Ph. © Animals-Animals/SUNSET
p. 11 : *ht d* Ph. © PHOTO12/ALAMY
p. 11 : *bas g* Ph. © Klein J. L. et Hubert M. L./BIOSPHOTO
p. 11 : *bas d* Ph. © Bjorn Svensson/SPL/COSMOS
p. 12 : *ht d* Ph. © Juniors Bildarchiv/SUNSET
p. 12 : *m* Ph. © Lothar Lenz/ZEFA/CORBIS
p. 12 : *bas* Ph. © Yves Véron pour Rendement Atlantique/T/D.R.
p. 14 : *ht g* Ph. © PHOTO12/ALAMY
p. 14 : *m d* Ph. © S_Oleg/SHUTTERSTOCK
p. 14 : *m m* Ph. © Zaichenko Olga/SHUTTERSTOCK
p. 14 : *bas* Ph. © Juniors Bildarchiv/SUNSET
p. 15 : *a* Ph. © Cyril Ruoso/JH Editorial/Minden Pictures
p. 15 : b AGE/HOA-QUI/ EYEDEA
p. 15 : *c* Ph. © Danny Ellinger/FOTO Natura/JH Editorial/ Minden Pictures
p. 15 : d Ph. © Janes Ernie/SUNSET
p. 16 : *ht* Ph. © Gérard Lacz/SUNSET
p. 16 : *m* Ph. © Juniors Bildarchiv/SUNSET
p. 16 : *bas* Ph. © Sylvain Cordier/Jacana/EYEDEA
p. 17 : *ht* Ph. © Gérad Lacz/SUNSET
p. 17 : *m* Ph. © Ron Austing/T
p. 18 : *ht* Ph. © Mark Raycroft/JH Editorial/Minden Pictures
p. 19 : Ph. © Forget/Explorer/EYEDEA
p. 20 : *ht* Ph. © Terrance Klassen/Age/HOA-QUI/EYEDEA
p. 20 : *m* Ph. © Seth Resnick/GETTY IMAGES
p. 20 : *bas* Ph. © Jeff Foott/GETTY IMAGES France
p. 21 : *ht g* Ph. © Michael Durham/JH Editorial/Minden Pictures
p. 21 : *ht d* Ph. © Varin/Visage/Jacana/EYEDEA/T
p. 21 : *bas* Ph. © B. Hermann/NPL/EYEDEA/T
p. 22 : *d* et *bas* 2 Ph, **30 :** 3 Ph, **36 :** 1 Ph, **42 :** *g* 2 Ph, **50 :** 3 Ph, **51 :** *g* 2 Ph, **52 :** *g* 1 Ph, **62 :** 1 Ph, **70 :** 1 Ph, **72 :** 4 Ph
p. 74 : *hg* 1 Ph, **82-83 :** 7 Ph, **102 :** 2 Ph, **112 :** 2 Ph, **126 :** *ht* 1 Ph/ © Christophe GILLET
p. 22 : *ht g* Ph. © Christian WATIER
p. 23 : *ht g* Ph. © Duncan Usher/Foto Natura/JH EDITORIAL/Minden Pictures
p. 23 : *ht d* Ph. © Pascal GOETGHELUCK
p. 23 : *m* Ph. © Jean-Claude Carton/BIOSPHOTO
p. 24 : *ht g* Ph. © Marge/SUNSET
p. 24 : *ht d* Ph. © Christian WATIER
p. 24 : *bas* Ph. © Hamblin Mark/Still Pictures/BIOSPHOTO
p. 27 : Ph. © Clarissa Leathy/GETTY IMAGES
p. 28 : *ht g* Ph. © Roy Hunt/OSF/BSIP
p. 28 : *ht d* Ph. © Sime/PHOTONONSTOP
p. 28 : *bas g* Ph. © Hervé Lenain/BIOSPHOTO
p. 28 : *bas d* Ph. © Claude Nardin/Jacana/EYEDEA/T
p. 29 : *ht g* Ph. © Jeanbor/Archives Bordas/T
p. 29 : *ht m* Ph. © Gayo/BIOSPHOTO
p. 29 : *ht d* Ph. © C. Thiriet/Phone/BIOSPHOTO/T
p. 29 : *bas* Ph. © F. Merlet/COLIBRI/T
p. 31 : 4 Ph. © Calude FABRE/T
p. 32 : *ht g* Ph. © Pierre Adenis/LAIF/REA
p. 32 : *ht d* Ph. © Leyreloup/WALLIS
p. 32 : *bas* 3 Ph. © Hervé Chaumeton/NATURE/T
p. 33 : *a, b, c* 3 Ph. © Jean Michel LABAT/T
p. 33 : *d* Ph. © Claude Lizeaux/T
p. 34 : Ph. © Christian Hochet/CAP-PHOTOS
p. 36 : *ht g* Ph. © Christophe GILLET/T
p. 37 : 6 Ph. © Claude FABRE/T
p. 38 : *ht g* Ph. © Christophe GILLET/T
p. 38 : *d* Ph. © Nancy Brown/GETTY IMAGES
p. 38 : *bas* Ph. © Dorling Kindersley/GETTY IMAGES
p. 39 : *g* Ph. © Eco LD/CORBIS
p. 39 : *d* Ph. © Dr. J.-P. Bouffannais/T/D.R.
p. 40 : *ht g* Ph. © Temych/SHUTTERSTOCK
p. 40 : *ht d* Ph. © Burger/PHANIE
p. 40 : *m g* Ph. © Chassenet/BSIP
p. 40 : *bas* Ph. © Voisin/PHANIE
p. 41 : *ht g* Ph. © Harten/PHOTONONSTOP
p. 41 : *ht d* Ph. © Burger/PHANIE
p. 41 : *bas g* Ph. © Tetra/BSIP
p. 41 : bas d Ph. © Soren Hald/GETTY IMAGES
p. 42 : *d* Ph. © May/BSIP
p. 43 : *ht* Ph. © Claude FABRE/T
p. 43 : *bas* Ph. © Lemoine/BSIP
p. 46 : BIS/© Archives Larbor
p. 48 : Ph. © Laurent BESSOL/© Nature
p. 49 : Ph. © Ariel Skelley/CORBIS
p. 51 : *d* Ph. © John Thys/Reporters/REA
p. 52 : *d* 3 Ph. © Jeanbor/Archives Bordas
p. 53 : 1 Ph, **60 :** *d* et *bas* 5 Ph, **66 :** *bas* 1 Ph, **67 :** 1 Ph, **68 :** *d* et *bas* 3 Ph, **69 :** 2 Ph, **71 :** 2 Ph, **74 :** 2 Ph, **75 :** 3 Ph, **76-77 :** 6 Ph © Vincent CALDUCH
p. 54 : *ht g* Ph. © Mehau Kulyk/SPL/COSMOS/T
p. 54 : *m d* Ph. © Chris Bolin/AP/SIPA
p. 54 : *bas* Ph. © Mauritius/PHOTONONSTOP
p. 55 : Ph. © Brian Summers/Firstlight/EYEDEA
p. 56 : *ht g* Ph. © Krista Rossow/AGE/HOA-QUI/EYEDEA
p. 56 : *m d* Ph. © Peeter Vissak/AGE/HOA-QUI/EYEDEA
p. 56 : *bas* Ph. © Craig Tuttle/CORBIS
p. 57 : Ph. © Patrick Frilet/hemis.fr
p. 58 : *g* Ph. © David R. Frazier/BSIP
p. 58 : *d* Ph. © Comstock Select/CORBIS
p. 59 : *ht* Ph. © Roger Hemon/FRANCEDIAS.COM
p. 59 : *bas* Ph. © Claude Nuridsany et Marie Pérennou/T, reprise p. 79
p. 60 : *ht g* Ph. © PHOTO12/ALAMY
p. 60 : *ht m* Ph. © Dominique Luzy/FOTOLIA
p. 61 : Ph. © Adam Woolfitt/CORBIS
p. 63 : Ph. © Claude FABRE/T
p. 64 : *g* Ph. © Jeanbor/Archives Bordas/T
p. 64 : *d* Ph. © Anne Aktan/FOTOLIA
p. 65 : *g* Ph. © Richard Damoret/REA/T
p. 65 : *d* Ph. © Vincent CALDUCH/T
p. 66 : *ht* Ph. © John Birdsall/BSIP
p. 68 : *ht g* Ph. © Vincent M. et Studler E./BIOSPHOTO
p. 78 : Ph. © Colonel/Alpaca/andia.fr
p. 79 : *bas* Ph. © Imagestate/LEEMAGE
p. 80 : *ht* Ph. © BRIDGEMAN - GIRAUDON
p. 80 : *bas* Ph. © Collection privée/LEEMAGE
p. 81 : Ph. © Dynamic Graphic/JUPITER IMAGES
p. 84 : *ht g* Ph. © Antoine Vernet/ALTITUDE
p. 84 : *ht d* Ph. © Infra/PHOTONONSTOP
p. 84 : *bas g* Ph. © Yann Arthus-Bertrand/ALTITUDE
p. 84 : *bas d* Ph. © Yann Arthus-Bertrand/ALTITUDE
p. 85 : Ph. © P. Guignard/URBA//AIR IMAGES
p. 86 : *ht g* Ph. © Pilar Olivares/REUTERS
p. 86 : *d* et *bas*, p87 : 3 Ph. © Christiane LUCOTTE
p. 88 et **89 :** *d* 5 Ph. © Christiane LUCOTTE
p. 89 : *m g* Ph. © AJphoto/OREDIA
p. 90 : 7 Ph. © Christiane LUCOTTE
p. 91 : Ph. © Christiane LUCOTTE faite dans la classe de Corinne Coudercy
p. 92 : *ht g* Ph. © Michel Berger
p. 92 : *m* Ph. © Christiane LUCOTTE
p. 92 : *bas* Ph. © Collection KHARBINE-TAPABOR
p. 93 : *ht g* Ph. © Michel BERGER
p. 93 : *ht d* Ph. © Michel BERGER
p. 93 : *bas* Ph. © W. Beaucardet/URBA IMAGES SERVER
p. 94 : *ht g* Ph. © Simeone/PHOTONONSTOP/T
p. 94 : *d* Ph. © Roger Rozencwajg/PHOTONONSTOP
p. 94 : *bas* Ph. © Christian WATIER
p. 95 : *ht* Ph. © Gilles Rolle/REA
p. 95 : *bas* Ph. © Fourmy/REA/T
p. 96 : *ht g* Ph. © PHOTO12/ALAMY
p. 96 : *ht d* Ph. © Yann Guichaoua/HOA-QUI/EYEDEA
p. 96 : *bas* Ph. © Bruno Barbier/GETTY IMAGES
p. 97 : *ht* Ph. © Morand-Grahame Gérald/HOA-QUI/EYEDEA
p. 97 : *m g* Ph. © François Le Divenah/PHOTONONSTOP
p. 97 : *m d* Ph. © Patrick Allard/REA
p. 98 : *ht g* Ph. © Chatin J./URBA IMAGES SERVER
p. 98 : *ht d* Ph. © Pierre Jacques/hemis.fr
p. 98 : *bas* Ph. © Jean-Didier Risler/Grandeur Nature/EYEDEA
p. 99 : *ht g* Ph. © David Tatin/BIOSPHOTO
p. 99 : *ht d* Ph. © Pierre Jacques/hemis.fr
p. 99 : *m* Ph. © Christian Guy/hemis.fr
p. 100 : *ht g* Ph. © Iakov Kalinin/SHUTTERSTOCK
p. 100 : *ht d* Ph. © ESA/P. Carril/NOVAPIX
p. 100 : *bas* Ph. © Stocktrek/CORBIS
p. 101 : Ph. © Jerry Schad/BSIP
p. 103 : Ph. © Planet Observer/HOA-QUI/EYEDEA
p. 104 : *ht* Ph. © Yann Arthus-Bertrand/ALTITUDE
p. 104 : *m* Ph. © Richard Glover/CORBIS
p. 105 : Ph. © Anthony Penel - www.penel.org
p. 106 : BIS/© Archives Larbor
p. 107 : Niedersachsisches Landesmuseum, Hanovre, Allemagne/Ph. © BRIDGEMAN - GIRAUDON
p. 108 : *ht* Collection privée - Ph. © Photo Lefevre Fine Art Ltd., Londres, BRIDGEMAN - GIRAUDON
p. 108 : *bas* Collection privée - Ph. © Photo Lefevre Fine Art Ltd., Londres, BRIDGEMAN - GIRAUDON
p. 109 : *ht* BIS/Ph. © Archives Larbor
p. 109 : *bas* BIS/© Archives Larbor
p. 110 : Ph. © Photo Josse/LEEMAGE
p. 111 : Ph. © Gusso Luca/Sime/PHOTONONSTOP
p. 112 : *ht g* Ph. © Hervé Hugues/GETTY IMAGES
p. 112 : *ht d* Ph. © Dominique Reperant/Explorer/HOA-QUI/ EYEDEA
p. 113 : *g* Ph. © Arnaud Chicurel/hemis.fr
p. 113 : *d* Ph. © Phillippe Roy/HOA-QUI/EYEDEA
p. 114 : 6 Ph. © Christophe GILLET/T
p. 116 : *ht g* Ph. © Virginie Chevalier/OREDIA
p. 116 : *ht d* Ph. © PHOTO12/ALAMY
p. 116 : *m* Ph. © Lema/ZEFA/CORBIS
p. 116 : *bas g* Ph. © Davies and Starr/GETTY IMAGES
p. 116 : *bas d* Ph. © Archives Bordas/T
p. 117 : *g* Ph. © ajt/SHUTTERSTOCK
p. 117 : *d* Ph. © José Nicolas/hemis.fr
p. 118 : *d* Ph. © J-Charles Gérard/PHOTONONSTOP
p. 118 : *m g* Ph. © Arvind Balaraman/SHUTTERSTOCK
p. 118 : *bas g* Ph. © Alexandr Shebanov/SHUTTERSTOCK
p. 118 : *bas m* Ph. © Germany Feng/SHUTTERSTOCK
p. 120 : Ph. © D.R.
p. 122 : *ht g* Ph. © Ulrich Mueller/SHUTTERSTOCK
p. 122 : *ht d* Ph. © Pierre Jacques/hemis.fr
p. 122 : *m g* Ph. © Philippe Roy/HOA-QUI/EYEDEA
p. 122 : *m d* Ph. © Ian Hanning/REA
p. 122 : *bas g* Ph. © Christian WATIER
p. 122 : *bas d* Ph. © Christian Guy/hemis.fr
p. 123 : 4 Ph. © C. Thiriet/BIOSPHOTO/T
p. 124 : *ht* Ph. © D.R.
p. 124 : *m* Ph. © G. Gios/BEP/Le Parisien/MAXPPP
p. 124 : *bas d* Ph. © Ludovic/REA
p. 124 : *bas g* Ph. © Jean-Michel Emportes/Belpress/ANDIA
p. 126 : *bas* et **p. 127 :** Ph. © Collection Hervé Finous
p. 128 : *ht g* BIS/Ph. Coll. Archives Larbor
p. 128 : *ht d* Ph. © dpa/AKG Images
p. 128 : *bas g* BIS/Ph. H. Josse © Archives Larbor
p. 128 : *bas d* Ph. © Lescourret/Explorer/EYEDEA
p. 129 : *ht g* Ph. © MP/LEEMAGE
p. 129 : *ht d* Ph. © Jean Bernard/LEEMAGE
p. 129 : *m* Ph. © Bettmann/CORBIS
p. 130 : *ht g* Ph. © Photos.com/JUPITER IMAGES
p. 130 : *ht d* Ph. © Bettmann/CORBIS
p. 130 : *m g* Ph. © Hervé Champollion/AKG Images
p. 130 : *m d* Ph. © Photo Josse/LEEMAGE
p. 130 : *bas* Ph. © Photo Josse/LEEMAGE
p. 132 : *ht g* Ph. © kwest/SHUTTERSTOCK
p. 132 : *bas* Ph. © D.R.
p. 133 : *ht g* Ph. © Collen GrimR/SHUTTERSTOCK
p. 133 : *ht m* Ph. © Claudio Zaccherini/SHUTTERSTOCK
p. 133 : *m g* Ph. © Paris, Musée national d'Art moderne - Centre Georges Pompidou, Ph. © CNAC/MNAM, Dist RMN/Jean-Claude Planchet
p. 133 : *m m* Ph. © Podfoto/SHUTTERSTOCK
p. 134 : *ht* Ph. © ROGER-VIOLLET
p. 134 : *d* Ph. © Hervé Champollion/AKG Images
p. 134 : *bas* Ph. © Collection Musée de l'Artisanat de Tigy (Loiret)
p. 135 : *ht* Ph. © BCA/RUE DES ARCHIVES
p. 135 : *m* Ph. © Collection Gaston Pouillot
p. 136 : *ht* Ph. © Delius/LEEMAGE
p. 136 : *bas* Ph. © "Musée national de l'Éducation - I.N.R.P.-Rouen", (2 reprises p. 136)
p. 137 : *ht* Ph. © "Avant la Télé", de Yvan Pommaux, ÉCOLE DES LOISIRS
p. 137 : *m* Ph. © Robert Doisneau/RAPHO/EYEDEA
p. 138 : *ht* Ph. © Cliché du M.B.A. de Bordeaux/photographe Lysiane Gauthier
p. 138 : *bas* "Paradoxe du temps", 1961 - Stuttgart, Rudolf and Ute Scharpff Collection. Ph. © AKG Images, © ADAGP, Paris, 2009
p. 140 : *ht* Ph. © hans Bernhard Huber/LAIF/REA
p. 140 : *m* Ph. © Paule SEUX/hemis.fr
p. 140 : *bas* Ph. © José Barea/HOA-QUI/EYEDEA
p. 141 : *ht* Ph. © Pierre Bessard/REA
p. 141 : *m g* Ph. © Dirk Kruell/LAIF /REA
p. 141 : *m d* Ph. © Robert Kluba/SIGNATURES
p. 141 : *bas* Ph. © Stéphane KLEIN/Fedephoto

Les auteurs remercient pour leur collaboration les maîtres formateurs :
Nicolle Arnault, Nicole Cabirol, Corinne Coudercy, Nicole Saint-André

Direction éditoriale : Jacqueline Erb
Édition : Béatrice Le Brun
Fabrication : Jean-Marie Jous
Mise en page : Soro
Compogravure : CGI
Iconographie : Fabrice Lucas
Dessins : Domino
Illustrations : Catherine Claveau
Couverture : Gérard Fally
Direction artistique : Pierre Taillemite

FSC
Sources Mixtes
Groupe de produits issu de forêts bien gérées et de bois ou fibres recyclés
Cert no. BV-COC-070301
www.fsc.org
© 1996 Forest Stewardship Council

N° Éditeur: 732533
Projet: 10164073
Dépôt légal: Septembre 2009
Imprimé en Espagne
par Dédalo Offset.